少ないもので料理する

シンプルな台所で、ミニマム・クッキング

ドミニック・ローホー
原秋子 訳

GENTOSHA

少ないもので料理する　目次

第一章　キッチン空間、キッチン道具、食器

最高の調理法

調理器具のサイズと容量

食器の数は少なく、でも自分らしいものを

食品の賢い保存方法

第三章　レシピや手順よりも　ちょっとした調理の技術と即興の技

序文　私たちはますます料理をしなくなっている

世界的に有名な日本の作家、村上春樹は、私たちが口にする食べ物が私たちの在り方そのものに影響を及ぼしていると書いています。

彼の小説、『1Q84』の中では70代の金持ちの女主人が登場しますが、その人は自然食材のみで調理された食べ物、どちらかと言えばフランス料理に近い、例えば茹でたホワイトアスパラガス、ニース風サラダ、蟹入りオムレツといった食事を取っています。また、その人は食べる量も少なく、お茶の飲み方に至っては、「森の奥で滋養のある朝露を吸っている妖精《ようせい》みたいだ」と描かれているように、その洗練されたしぐさに、「賢明さ」も兼ね備えているのが見て取れます。

一方、この小説の中にはこの女主人とは対照的な牛河という人物が登場します。この人物は見かけも生き方も精彩を欠き、実に貧相な食事をしています。婦人が新鮮な野菜を取り、自分の健康を気遣っているのに対し、牛河は桃の缶詰や冷たいロールパンを食べ、温かい食事を何日間も取らなくても平気なのです。女主人が自分の身体を大事にし、心身が調和しているのに対し、牛河は自分の身体を労わるどころかまるでゴミ箱のように扱っています。

茹でたアスパラガスと蟹入りオムレツは調理してこそ口にすることのできる料理ですが、桃の缶詰は缶の蓋《ふた》を開けるだけ、何の下準備も必要としません。

残念ながら、牛河のような、ただ空腹を満たすためだけに手っ取り早い食生活を送る人が年々増えて来ているように感じます。

冷凍食品・レトルト・テイクアウトは、食を変えた

とは言え、今日ではワンクリックで冷凍食品、レトルト食品が買え、あるいは家まで料理を配達してもらえるのに、なぜ料理をするの？　と異議を唱えたくもなります。

大型冷蔵庫はキッチンを占領し、冷凍庫はせっせと冷凍食品を保存してくれます。生鮮食品関連のバイオテクノロジー、超高温熱処理技術や真空パック技術がさらに食品の

保存状態を革新的に改善しました。約半世紀前から、農産物加工業の工業化と改革は生産、調理、流通の形態だけでなく、私たちの食習慣をも完全に塗り替えてしまいました。その変革は生産から消費までのあらゆる分野に及んでいます。

その一方で、都会の生活、核家族化、個人主義の広がり、郊外から都心の職場までの遠距離通勤、ワークシェアリング等新しい働き方などが私たちの食の流儀やそのリズムを根本から崩してしまいました。ファストフード店や大型商業スペースのレストラン、テイクアウトまたは料理の宅配、出前等を利用する機会が増えているのに対し、キッチンで料理する時間は減少しています。

料理は面倒な仕事？

料理は、人によっては「夢中にさせるもの」かもしれません。また、料理をするのは当たり前、これをただの習慣と捉えている人たちもいるでしょう。でも実際のところ、料理は「面倒臭いもの」と決めつけている人たちがほとんどではないでしょうか？

まず何を作るのかメニューを決めることから始めて、買い物、下ごしらえ、食品の保存、食器を洗い、それを仕舞いキッチンを片付ける……さらに体重の増加が気になり出す50歳前後の女性たちは、痩せるために自炊を心がけてはみるものの、レシピが載っているタブレット、電子レンジ、出来合いのソースなしではお手上げ。そこで、基本的な料理の仕方をしっかり習得していなかったことにはたと気がついたりするのです。

今日では男性でも、独身、離婚、あるいは連れ合いを亡くした等の事情でシングルの生活を送っている人が多くなっています。家を出て独立した若い世代の中にも、パスタを茹でるかインスタントのスープを作る以外、料理の知識を持ち合わせていない人たちが結構います。

一人暮らしの人たちが料理をしない一番の理由は「やる気がない」ではないでしょうか？　昨今のコロナ禍で、スーパーマーケットでは冷凍食品と惣菜の売り場が真っ先に空になり、宅配業が大幅に売れ行きを伸ばしたことがこのことを見事に証明しています。そして、私たちがますます料理しなくなってきている実情が浮き彫りにされたのです。

加工食品がもたらす弊害

料理はまずくなる一方で、肉も野菜も今や質は並み以下だ。何たること。イギリスのインやホテルできちんとした肉料理を注文しても無駄だというのか。（中略）牛の腿《もも》にいたっては、もはや姿を消したに等しい。塩加減のこつを心得た料理人がいなくなったせいだろう。朝食のベーコンが硝石《しょうせき》臭くし我慢がならなかったこともある。それも、最上の羊肉、ウィルトシャーの燻製《くんせい》と同じ値段でだ。毒草を煎じたかと思うような紅茶や白湯《さゆ》と変わりないようなコーヒーに不平不満を並べるのは、今や過ぎた贅沢でしかない。

ジョージ・ギッシング『ヘンリー・ライクロフトの私記』池央耿訳　光文社古典新訳文庫

心身の健康、家計、機嫌の良し悪し、スリム体形の維持、快適さ、生活の質、地球環境への配慮……私たちが加工食品をどんどん消費し続けることは、これらすべてに影響を及ぼします。でもそれだけではありません。

加工食品に偏った消費生活を続けることが、夫婦間のトラブル、気まずい人間関係（カッとなり易くなります）、神経がすり減る、情緒不安定といった問題を引き起こすことも分かってきているのです。でも果たしてどれだけの人が、思考力の低下を日々の食事と関連付けて考えているでしょう？

食事の取り方は紛《まぎ》れもなく生き方の一部を形成していて、そういう意味からも一つの哲学として捉えることができます。「自らの生活に具体性が伴わなければ賢い思考は生まれない」と中国の言語学者、林語堂は断言しています。そうであるならば、自分が消費するものに気を配り、健康的で自然な料理を自ら調理することほど具体的なことはないのではないでしょうか？

自炊する、これで多くの問題が自然消滅していくのかもしれません。

料理は気持ちを落ち着かせる

行為と思考を交互に片付け、掃除し、料理を繰り返していくと、脳は重要な身体的任務に立ち向かう状態に整えられます。これらの行為はメンタルをバランスよく保つために必要なのです。これは心地よさと落ち着きをもたらすとして知られているホルモン、エンドルフィンを放出します。

ヴェロニック・アイアッシュ『孤独への賛辞』（未邦訳）

料理することは最良のセラピーと言えます。例えば、ボウルに水を溜める音を聞いてみてください。禅では、自由とは、精神が何にも囚われていない状態の時、感情の浮き沈みが制御され、心がかき乱されなくなった時に初めて得られると言われています。

実際に手を使って行う作業はあらゆるレベルにおいて深い満足をもたらしてくれます。例えば優れた道具を使うことで得られる感覚の喜び、作業を終えた時に味わう達成感等。パソコン上で行う作業では同じ手応えの満足感は得られません。

料理することは、今という時間に実際に私たちが「存在している」ことを実感させてくれるものです。それは過去や未来の出来事ではないのです。でもどれだけ多くの人たちが、まだ先の話であるにも拘らず、遠く離れた場所で過ごすバカンス、このためだけに生きていることでしょう。このような人たちは、食事を食卓の片隅で手っ取り早く済ませてしまいます。もちろん、たまには週末に友人たちとゆったりと食事を楽しむこともあるのでしょうが、普段の生活は動画を早送りしているような日々。果たしてこれが人生でしょうか？　人生は明日突然終わってしまうことも、今日、その時が訪れることもあり得るのです。

これに反して食事を作るという行為は、今という時間の一瞬一瞬を味わいつつ生き、自己実現していく行為です。頻繁に料理をする人にとって、この時間は自立した生活を送り、また自己コントロールするために不可欠だということです。細部に気遣い、段取り良く仕切るセンス、きびきびとした一連の動作などが安堵感を与え、人生と正しく向き合いたいと思う彼らの存在に一つの形を与える手立てとなるのです。

実に「料理すること」は、ただ時流に流されっぱなしになるのではなく、自分の人生の手綱を自ら取り、些細な達成感を積み上げていくことで、日々の生活を養い操っていくことです。そういう意味からもこれは、「自分の人生を自ら演じている気持ちにさせるもの」と言えるのではないでしょうか？

キッチンに立つことは時間の無駄ではない

村上春樹の小説の中に出てくる別の登場人物、天吾にとって料理することは時間の無駄ではなく（村上春樹の小説の中には料理に関するテーマが大変多く見られます）、彼はこの時間を利用して日常に起こる問題や、数学の問題、さらに彼が執筆中の小説等について考えています。彼は何もしないでボーッとしている時よりも、手を動かしながらキッチンに立っている状態のほうが理路整然と物事に向き合えると言うのです。

料理することは、外界のカオスから逃避したい時に内面を見つめ瞑想に浸る機会を与えてくれるものでもあります。毎晩家に帰り、料理するというルーティンは、その日起こった出来事について距離を置いて考え、そのことに意味を見つけたり、思いを巡らしたり、緊張をほぐしたりしてくれます。料理することで時間が豊かに、生き生きと流れるのです。それは「生きるために時間をかけることを学ぶ」ことでもあるのです。

外界の喧騒から逃れる技

人をそしる心をすて豆の皮むく

尾崎放哉　俳句

村上春樹のもう一つの小説『ねじまき鳥クロニクル』の主人公岡田亨は仕事を辞めて主に炊事と失踪した猫を探すことで日々を送っています。

小説の途中で亨がハムとトマトのサンドイッチを作っている最中に電話が鳴る場面が

あります。彼は料理の準備を済ませるまで受話器を取るまいと抵抗します。電話の呼び鈴が3回鳴る間に亭はサンドイッチを半分に切り、皿に載せ、包丁を拭き引き出しに仕舞い、その前に温めたコーヒーをカップに注ぎます。その間も電話は鳴り続けています。亭は自分の小さな動作を一つ一つ丁寧に自覚しながらも電話を取らずに鳴らしっぱなしにする。そうすることで彼は自分のルーティンが邪魔されないようにしています。このように食事の準備をしながら、亭はストレスを遠ざけ、潮が満ちてくるように、静けさが彼の内面を満たすのを感じるのです。

「料理する」とはどのようなこと？

私たちは古くからの習慣が大きく崩壊していく真っただ中に生きているのです。

ウォルター・リップマン『道徳の序文』（1929）

牛のほほ肉を2日間下味のソースに漬けた後3時間コトコト煮るというような手の込んだ料理もありますが、通常、料理とは必ずしも豪華なものを指すとは限りません。端的に言えば、それはわずか10分で手をかけずに美味しい食事を作ることでもあるのです。

かける手間暇はさておき、「料理する」ことは何よりもまずは自分で作ったものを食べるということ。とは言え、フライパンに材料を一つか二つ投げ込めば済むというものでもありません。「料理する」こととは、材料の下準備だけでなく、メニューを決める、買い物、食品と余った食材の管理、片付け、食器選び、調理中のキッチン内の動線確保、テーブルセッティングまでを含みます。以前は、この「技能」は、代々教えられ受け継がれてきたものです。昔はこれを「家政学」と表現していましたが、年々廃《すた》れ、なおざりにされてきました。

果たしてこの「家政学」は私たちを本当に幸せに、賢くしてくれるものなのでしょうか？

今日、もっと良い方法があってもいいはずです。

楽しく料理するために

料理は面倒で時間を食う作業であってはならないのです。それこそ寝る、風呂に入って身体を洗う、仕事をするといった行為同様に日常の一部を形成する営みでなくてはなりません。今回はこれについてお話ししていきたいと思います。そのためには幾つかの条件が必要になります。「料理する」行為を一つの習慣とするためには、以下のことをお勧めします。

・人間工学的で居心地の良い、「料理を作りたい気分」にさせるキッチンスペースを構築または再構築する。
・良質の道具を揃える。
・時間を食うルーティン的な買い物ではなく、適切な買い物の仕方、食材の保存方法を決める。
・レシピを増やすよりも基本的な料理の技術を幾つか習得する。
・無駄のない行き届いた動きができる独自の動線を見つけ、キッチンを清潔に保つ。

第一章

キッチン空間、キッチン道具、食器

人間工学的で使い易いキッチンの重要性

キッチンに広さは関係ない

オーブンやシンクが使いにくい場所にあると、泡だて器または缶切りの在り処も同様に使いにくい場所に置かれることになるでしょう。

家政学者　クリスティーヌ・フレデリック（1883～1970）

自分のキッチンではあまり料理しない、またはそこで料理する気にならない。このような場合は、その原因が何によるものなのか自分に問い掛けてみましょう。それはスペースが足りないせいでしょうか、それともごちゃごちゃしていて調理器具や食品を取り出すのが一苦労だから、あるいは単にキッチンの居心地が悪いからでしょうか？

部屋と一体化したオープンキッチン、小さなセパレートキッチン、クローゼットサイズのミニキッチンなど、キッチンにもいろいろあります。ただ言えるのは、料理を楽しくするのはキッチンのサイズではなく、その使い易さだということ。キッチンは恐らく家の他のどの場所よりもその機能性が評価される場所でしょう。モノの数を減らし、段取りを組み、片付ける、この三つが料理の作業をし易くするために必要不可欠になります。あなたが辛いと感じている動作があればそれは考え直すべきで、不必要な動作も回避されなくてはなりません。邪魔になるものは場所を変えるべきですし、使い勝手が良くない調理器具は別のものに交換するべきです。

完璧なキッチンは一朝一夕には完成しません。もちろん、これはかなり面倒なことで、時として費用もかかるかもしれません。でもこれをすることであなたのキッチンに、「料理をする場所」という本来の役目を与えることになるのです。

キッチンは住まいの中心にある

キッチンを系統的に構成すること、これは１世紀以上前から、１９１２年にクリステイーヌ・フレデリックが出版した『新家庭経済』、リリアン・ギルブレス考案の『キッチン仕事の段取り表』、それに建築のパイオニア、ル・コルビュジェやシャルロット・ペリアンが造ったキッチンモデルにより、設計者からも使う者からも数多《あまた》の研究が重ねられました。

キッチンは食事を準備するだけの場所ではないのです。正にそこは私たちの喜怒哀楽が詰まった場所、与えられた時間のほとんどを家族と共有する場所でもあるのです。それ故に、キッチンは、恐らく家のどこよりも、もっともよく私たちの生活様式を表している場所と言えるでしょう。

そして恐らく各々の長年の習慣や振る舞いを通して、社会の中でもっとも進歩を遂げ、経済、文化、消費、食習慣、精神状態、現代と昔の女性の役割等の再検討を経てきた場所でもあるでしょう。

キッチンは常に私たちを消費生活の主体としてきました。そして今、この場所は、消費のみならず食生活においても、より自然な生活様式に回帰することを願い、より便利で心地よく、使い易くなる傾向を見せているのです。

キッチンは憩いの場、生活の場

我々は建物にひとつの形を与える、そして建物は我々にも形をひとつ与えてくれる。

イギリスの政治家　軍人　作家　ウィンストン・チャーチル

これからお話しするのは１９２０年代中旬、第一次世界大戦後のドイツの福祉住宅に設置されたセパレート型キッチンについて書かれた新聞記事の内容です。

当時、キッチンのコンセプトを担当していたマーガレット・リホツキは、意図的にコンパクトなキッチンにしています。というのも、それまでのキッチンは広すぎで、モノの移動、キッチン内を行き来する動線に無駄な時間が費やされていると彼女は確信していたからです。

マーガレットは、20世紀初旬のアメリカの家政学者、クリスティーヌ・フレデリック氏に倣い、使い易さを最優先する実験室や汽車の食堂車等を参考に、キッチンのサイズを６平方メートルより若干広い、横幅１メートル90センチ、長さ３メートル40センチの長方形のものを考案しました。

そこにコンクリート製のシンクを二つ並べ、ワークスペースに水切りカゴとガスコンロ、その前にはスツールを置き、引き出しやキャビネット等の収納スペースも合計で18個設置し、ゴミ箱も、折り畳み式のアイロン台もそこに組み込んだのです。無駄なスペースは全くなく、見事に動線が考慮されていました。食器棚などの家具を買い足す必要もありません。唯一見られる問題点はこのキッチンがダイニングと引き戸により隔離されていたことでしょう。

当時、戦後のドイツは人手不足で政府は女性が長時間キッチンで過ごすことを望まず、外へ出て労働することを奨励していたこともあり、こうした「最低限度の生活」（Existenzminimum）の原則は広く受け入れられていました。

しかしマーガレットは、昔の労働者や農民がそうであったように、キッチンは料理する場所であるのと同時に生活の場であることも知っていました。後に自身の手記で彼女は「私のキッチンはダイニングと一体化したものにしたかった」と述べています。しかし残念ながらキッチンの一体化案は費用がかかりすぎるという理由で当時は取り上げられなかったとその記事に書かれています。

カスタマイズされたキッチンは便利？

私にとって家を改装したり建てたりすることは、学問することや執筆することと全く同じことだといつも言っている。

中国の哲学者　詩人　李《り》煜《いく》（937〜978）

女性たちの多くは、雑誌等で紹介されているコンロが6口も付いている広いアイランド型キッチンや、立派なレンジフード（換気扇）や豪華な材質等で設えられているキッチンに憧れます。もし家の広さと予算が許すのであれば、それも悪くはないでしょう。でももっと別の形をイメージしてみることもできるのではないでしょうか？

私のパリの友人ステファンは、天井の梁や壁面の石がそのまま露出している広さ60平方メートルのとてもお洒落なアパートメントに住んでいます。

でも彼の住まいには、幅2メートル×奥行61センチ、高さ97センチのキッチンコーナーがあるのみで、いわゆるキッチンと呼べるものはありません（話が逸れますが、キッチンのワークスペースの高さは腰を痛めないためにも非常に重要です。ワークスペースの天板の高さは使う人の背丈に合わせて決めるようにするべきです）。それでも彼は客を招いては美味しいポトフを振舞っています。時にその人数が6人になることも。ステファンはインテリな芸術家。彼には型にはまった生き方は似合わないし、キッチンに対するコンセプト（料理を準備する空間）も彼の生き方そのものです。

やはり同じ精神で料理をする人の例をもう一つ。

突然の出来事から財産をすべて失った貴族、ナタリー・ジョルジュは、本人の著書『屋根裏部屋の料理』の中で、広さ10平方メートルの屋根裏部屋の、たった50センチ×50センチ×87センチの空間で、自分と近所の人たちのために料理を作る生活について語っています。コンロは直に床に置かれてはいるものの、そこで彼女はシンプルで美味しい、パリ風の料理で友人をもてなすのです。

ミニキッチンでも調理はできる

最高記録は一平方メートル未満のミニキッチン、と言うよりもこれはクローゼットです。狭い空間でも料理は問題なくできる。条件はただ一つ。手際よくやること。

自然食研究家　オナ・マイオッコ

調理の熱源となるコンロを一つか二つ（IH、電気、ガス）、まな板、棚を数段、壁に吊るしたフライパンと鍋、最低限これだけ揃っていれば調理することはできます。かの有名な「学生料理人」ジョナ・レイダー氏が料理に夢中になり始めたのは大学の学生寮の一室だったと語っています。

シンクの下に空間があれば、そこにキャンプ用のミニ冷蔵庫を置き、棚を一、二段作り、そこに皿を2枚、グラスを2個……キッチン道具等は横木にフックをかけてぶら下げ、冷蔵する必要のない食材はカゴに入れて床に置きます。たとえ狭いキッチンでも配置を機能的にすることで使い易くできるのです。

モノが少ないと、その一つ一つに置き場所が与えられる

ショーウィンドウ……ドアを開けて、商品を選びそれを手に取るために手を伸ばす、この一連の動作に魅力の瞬間が、モノと手の間に感動的な出会いが

凝縮されるのだ。

イギリスの陶芸家　エドモンド・デ・ワール『琥珀色の目をした野兎』（未邦訳）

モノが少ないとキッチン内での動作が流れるようになります。食材や道具を出したり仕舞ったりするだけでなく、準備（ストックする、洗う、切る、焼く、味付けする）、調理、テーブルセッティング、盛り付け等の作業も楽になります。しかるべき空間内に必要な要素をできる限り集めて、動作そのものを効率よく必要最小限に抑え、心地よく、流れるようにするのです。

考え方としては、もっとも頻繁に使うモノは手の届くところに置き、スペースを最大限有効利用するためにその他のモノは仕舞います。例えば、どうして普段使いの箸やカトラリーをあなたは毎回食事のたびに引き出しから出し入れしているのでしょう？　お洒落な容器かカゴに入れて戸棚の隅に仕舞っておけば、食事の時にその容器ごと直接食卓に出すだけで済みます。

最近、私はキッチンのワークスペースの片隅に日頃使う食器を出しっぱなしにするという楽しい怠け癖を発見しました。一人または二人の生活でどうして朝昼晩と食事のたびに食器棚の食器を出したり仕舞ったりしないといけないのでしょう。

覚えておいて頂きたいのが、片付けを完璧にすることよりも、モノへのアクセスを容易にするほうを優先すること。例えば棚の上に前後二列でモノを置かないことです。手の届かない、または取りにくいところに置かれたモノは、大抵の場合あなたがあまり使わないモノです。従ってそれらは「なくても済むモノたち」。その一方で頻繁に使うモノは1回の動作で出し入れできる場所に置くべきです。フライパンはフックに吊っておきます。ピーラーは引き出しの取り出し易い場所に、よく使う鍋は、取り出し易いように、一回り大きな鍋の蓋の一番上に重ねて置く、という具合に。

黄金のゾーン

キッチン収納の黄金律は、もっとも頻繁に使うモノを自分の目線の位置から腰までの空間内に置くことです。フライパンを取り出すたびにいちいちひざまずかないと取り出せないなど普通ではありません。フライ返しやお玉杓子といった道具はワークスペースに置いたツールスタンドに入れて立てておくか、壁にフックで吊るします。こうすることで、フライ返し一つ取り出すために引き出しの中をかき回さなくても済むわけです。

また、グループ別に仕舞うことで無駄な動作を回避できます。例えばワインオープナーとワインサーバー、ランチョンマットとテーブルクロス、キャンドルと箸置き等を一緒に仕舞っておく、というように。

最後に、あなたがついモノを決められた場所ではなく他の場所に置いてしまったとしても、そのことでイライラしないことです。あなたには理不尽に見えても、もしかするとそのモノにとって「そこ」が置かれるべき場所かもしれないからです。

人間工学的に作られたモノと暮らす

真の幸福の鍵は、日常の細部に深く関心を抱くことである。

19世紀イギリスの詩人　デザイナー　マルクス主義者　ウィリアム・モリス
『アートが意図するもの』(The Aims of Art)

キッチンでは、カゴや小さな収納ケースをどんどん利用しましょう。ロタンや竹製のカゴを幾つか用意し、そこにハンドブレンダーの付属部品やフキン、小さな小鉢や豆皿、来客用の茶道具（急須、茶碗、茶托等）、テーブルセッティング用備品（コースター、箸置き、ペーパーナプキン、キャンドル）等を入れてみましょう。棚の上に天然素材のカゴが並べられるとキッチンに柔らかい、温か味のある視覚効果を与えます。通常の収納ボックスは開閉できる戸棚に仕舞いましょう。

人間工学的なモノとは無駄な動作を省かせてくれるモノのことです。例えば、以下のようなものがあります。

・プッシュタイプの食器用洗剤のボトル。スポンジで容器のてっぺんを押すだけで洗剤が染み出しスポンジに洗剤が染み込む仕組みになっている。
・液だれしないオイル、ビネガー等の液体調味料入れ。注ぎ口が先の尖ったストロー状になっているため調味料の液漏れがない。その先端に自動開閉する小さな注ぎ口キャップが付いていることで使用していない時は調味料の品質を保持。風味が損なわれないだけでなく、埃などの侵入を防いでくれるという優れもの。

・小さなスポンジ（大きなスポンジを半分に切って使う）。
・高台のないお椀。手によく馴染み、洗った時に早く乾く。
・完璧に積み重ねられるコップ、茶碗、ボウル、小鉢等。
・ラベルを貼った容器や小瓶。たとえ容器の中身が分かっていても（家庭用の洗剤含む）容器内のモノが何なのかが一目で「認識」できる。
・シンクまたはコンロ前の壁に引っ掛け棒を渡しS字型のフックを設置。そこには毎日使うキッチン道具を吊るす。道具を使い終わったらすぐに洗い、そのフックに引っ掛けて自然乾燥させる。

オープンな棚、それとも吊戸棚？

リビングと一体化しているキッチンの場合、よく高級システムキッチンのカタログで見られるような、すべてをさらけ出したオープンキッチンにする必要はありません。

また、すっきりと見せるために全部吊戸棚や引き出しに隠さなくても、そこにいる人の目に安らぎを与えることはできるのです。キッチンの棚にお洒落な籐編みのカゴや美しい食器を並べるだけでも棚の利便性は高まります。このようなレイアウトは、その温もりで、キッチンに多くなりがちな金属製の道具が放つ冷たい雰囲気を中和し、調和させてくれます。

もしあなたが今キッチンのリフォームをお考えならば、吊戸棚は天井の近くに設けて、目の高さに棚を一、二段、ワークスペースの天板の下には重くて嵩張《かさば》る調理器具や食品等を仕舞う大きな引き出しを設けると良いかもしれませんね。

目障りになるものを置かない

私たちは自らを取り巻くモノに自らを反映させる必要がある。私の自我は私自身の身体に限定されてはいない。それは私がしてきたあらゆる行為に、私の周りにあるすべてのモノにまで拡張していく。これらのモノがなければ、私は自分自身では在り得ない。

カール・ユング『カール・ユングが語る』（未邦訳）

私たちの日常を身近なところから見直し、分析してみること。これはやってみる価値があります。実際に何が自分の日常を織りなしているのかを丁寧に観察してみるのです。

毎日が只々繰り返し行うマンネリズムに陥らないように、「もっと改善できることはないだろうか？」と常々自分に問うてみるのです。自分の生活の枠組みを整えることは、繰り返しの行為ではなく「創造行為」であるべきだからです。

それはすなわち普段の日常生活の場を美しく生活し易いものにすること。アメリカの建築家、バーナード・ルドフスキーが、名だたる建築家たちの極めて突飛で気を滅入らせる建築物の醜さに対し、「建築家なしの建築」と呼んだ建築物がこれを実践しています。

キッチンを自分の必要と好みに合わせて整えていくことは、探求心が求められる大変な作業で、その目的は、キッチンという場所を寛げる空間にすること、料理を作ってみたい、そこで食べてみたいと思える場所にすることです。

例えば、使っていない陶器のコレクションがただキッチンの装飾としてそこに鎮座し、それが狭いキッチンの機能性を阻み、埃と油にまみれているとします。その陶器コレクションの代わりに、頻繁に使用するお気に入りのキッチン道具を並べた場合、後者が陶器コレクションに優るものであることは明らかです。

大切なことは、何も「目障りになるものがない状態」にすること。仮に散らかっている状態があなたを疲れさせるとしても、逆にすっきりと片付いた、出しっぱなしのモノが何一つないピカピカな魂が抜かれたようなキッチンも、案外料理をする気を起こさせないものです。

少しルーズでも、その加減が許容範囲内であるならば（蛍光オレンジのスポンジとか花柄のフキン等はあまりお薦めしませんが）、かえって温か味と魅力が増すのではないでしょうか。「装飾目的」のモノで飾るのではなく、へこんだり曲がったりしながらも使い古され、愛され、生き生きとしている道具たちでキッチンを装うのです。

〝極めつき〟のキッチン道具

道具の見直しをする理由

手を温めるための焚火、地面から湧く透き通った水、足下の新鮮な土といった初歩的なモノが欠乏している今日の社会は骨の髄まで病んでいる。

アメリカの作家　ヘンリー・ベストン

片付いていないごちゃごちゃしたキッチンでは食事の支度をする気にはなりませんし、これがストレスになることは誰もが承知していることです。

私の友人は、キッチンの中のモノを「思いっきり」減らす気にさせたある出来事について語ってくれました。

ある夏、友人とその親族（カップルが3組とその子供たち）は夏休みを一緒に過ごすために別荘をレンタルしました。その別荘のキッチンは申し分ない広さでしたが、必要最小限のモノしか置かれていませんでした。調理器具が少しと最小限の基本的な食器。友人はこれだけでは恐らく自分たちの滞在期間の2週間は持たないだろうと思ったそうです。食器は使い終わるとすぐに洗って使い回す必要がありました。

ところが、驚いたことに、その夏休みの2週間中、レストランで外食するのが大好きだった家族がほとんど外食することなく過ごしたのです。後から彼女は、皆がそのキッチンが大好きになったの、と語ってくれました。

そして一度《ひとたび》自宅に戻ると、彼女は滅多に使わない調理器具や食器をカートンに仕舞い、別荘のキッチン同様に必要最小限のモノだけを置くようにしたと言います。

モノが少ないと、その分個々の道具をより有効に使うようになります。すると道具一つ一つの価値が高められ、見直されるのです。「こんな使い方もできる」というように、新たな使い方が見つかったりします。

キッチンのワークスペースの散らかりも、洗う食器の数も、不快で辛い動作も減ってきます。すると料理がよりスムーズに軽々とできるようになり、ぐんと楽しくなってくるのです。

モノが溢れているキッチンでは料理する気にならない

これは不文律だが、料理をしない、食品の風味も味わうことのできない人達が思いのほか、目を見張るほど何もかも整ったキッチンを持っているのだ。

パット・コンロイ『ビーチミュージック』

なぜ全く使っていない、またはほとんど使わない調理器具がこれほどあるのでしょうか？

既婚で子供がいない37歳のまり子さんは、ヨーグルトメーカー、スムージー用ミキサー、ハンドブレンダー、ウォーターサーバー、圧力鍋、フォンデュ鍋、ホームベーカリー（ご主人からのクリスマスプレゼント）、ラクレットチーズのセット、日本式鍋セット（カセットコンロと小型のガスボンベと取り皿）、卓上天ぷら鍋、鉄板焼き用卓上電気プレート、たこ焼き用プレート、中華の蒸籠《せいろ》等、ありとあらゆる調理器具を持っています。

まり子さんは結婚が比較的遅かったので、今、このような調理器具を持つことが、

「他の人と同じよう」に夫と家庭を得られたことへの安堵感に繋がると言います。

ところがまり子さんには料理をする時間も料理をする気もないのです。確かに多くのモノに囲まれて生活する人たちにはそれを裏付ける理由が必ずあります。でも、このように無駄に浪費してしまったお金のことはさておき、果たしてこの人たちは、こうしたモノの蓄積が招く結果について自覚しているでしょうか？

小鍋一つと大きな万能鍋一つあれば大抵の料理はできる

セットで売られている鍋にはご注意ください。一人暮らしの人と5人家族の場合は違うのです。自分の習慣と何が自分に必要なのかを見極めないといけません。最初からセット売りされているものの中ではほとんど使わない鍋も幾つか出てきます。一方で同じ種類の鍋が二つ三つ必要になる場合も。一番良いのが単品で購入し、自分の用途に合わせて徐々に揃えていくことです。

鍋売り場の良心的な販売員のアドバイス

昔は煮炊きには煮炊き用の鍋一つだけを持っていました。万能鍋（Faitout《フエトウ》：la《ラ》 casserole《カスロール》 qui《キ》 fait《フエ》 tout《トウ》【何でも作る鍋】の〝何でも作る〟からできた言葉）は、その名前の通りにその鍋でスープ、パスタ、野菜、シリアル、肉とソース、とろ火で煮る料理等を調理しました。その万能鍋の多機能的な側面は、新素材の登場と新しい形の鍋、狡猾な新しいマーケティング技術の台頭により失われていきました。

今日では料理の様々な準備方法一つ一つに特化した調理器具を私たちは持つようになりました。フライドポテト用のフライヤー、ラクレットチーズを作るためのプレート、クレープを焼くためのフライパン、肉を焼くためのグリルパン、魚焼き器、というように。でもその数をもう少し減らすことはできないでしょうか？　もちろん、すべて一つの調理器具で賄おうと無理をすると、暮らしをシンプルにするどころか、かえって面倒にしてしまうのかもしれません。では、多機能な用途をこなす「数点に絞り込む」というのはどうでしょう。

高品質な多機能鍋

私はこの買い物がこれほどまでに私の生活を変えるとは思いませんでした。でも本当に信じられない変化を及ぼしたのです。これからは場所を取る数多の鍋がキッチンを占領することはなくなるのです。この鍋だけであっという間にラグー煮込みが完成し、野菜を茹でたりスープを作ったり、もちろん肉料理もできるのです。その魔法はその鍋の素晴らしい熱伝導に秘められています。この熱伝導のおかげで素早く調理し、長時間保温することができるのです。

初めて高品質ステンレス鍋を購入した人の感動コメント

お湯を少量沸かす、スープを温め直す、卵を1、2個茹でるというのであれば、普段使いの小さめの鍋が欠かせないでしょう（鍋の注ぎ口があるものを選びましょう。液垂れしません。さらに蓋付であれば申し分なし）。でもちょっと待ってください。それに加えて大きめの鍋を一つ。この鍋が高品質のものであれば、料理に必要な用途にほとんど漏れなく対応してくれます。

　ではこの鍋の選択基準はどこに定めたらよいでしょう。

・ステンレス製であること。それも18・10のもの（18は鉄とクロムの合金であることと、その摩耗に対する頑丈さを証明するもので、10はショックに対する強度を示すニッケルの割合を証明するものです）。ステンレス製の鍋は洗うのが簡単で20年経ってもピカピカのままです。鋳物の鉄製鍋または琺瑯《ほうろう》鍋で繰り返してきた鍋磨き地獄は終わりを告げます。ステンレスは焦げ付きません。これは取るに足らない細かいことと反論されるかもしれませんが、高品質の鍋は無駄な仕事を減らしてくれるのは確かで、これだけでも料理をする気にさせてくれるものです。

・鍋底が厚く、5から7層はあるもの。より層の厚い高品質のものだと、9層のものもあります。このような鍋では茹でる、蒸し煮にする、コトコト煮る、揚げる、蒸す、温め直す、肉を焼く（肉の旨味そのままに）ことも、柄が外せるものに限りますが鍋ごとオーブンに入れてローストすることも可能です。要するに鋳物のココット鍋と同じ働きをします。

・蓋がピッタリ閉じるもの。これにより蒸気が逃げずに野菜に火を通す処理時間を短縮できます。また沸騰するまでの時間も短縮できます。蓋に関しては、専門家たちは金属製の、厚みのある蓋を薦めています。硬化ガラス製の蓋よりも値は張りますが、断熱性がより優れているからです。ピッタリ閉じる蓋を使うことで湯気が立たなくなるので換気扇をつける必要がなくなるかもしれません。光熱費の節約にもなりますし、キッチンに臭いが籠《こも》りにくくなります。

・注ぎ口が付いているもの。

・鍋の柄がしっかりしているもの。ガスコンロを使用する場合、ベークライト製の柄は避けたほうがいいでしょう。

・柄が鍋の側面にねじ止めされているものは長年使用しているうちに金属疲労を起こし、そこから微量の熱漏れが生じるなどの問題を起こしかねません。鍋に直接溶接された柄のものを選ぶようにしましょう。直接溶接されたものは断熱作用があるため鍋が熱くなっても柄を握っている手まで熱くなることはありません。

・鍋の内側に目盛りが付いているもの（水分量を計量するのに便利）。

・鍋の高さの目安は折り畳み式蒸し器が入る高さが便利です。

・最後に、できれば鍋の内面が丸いカーブを描いているもの。この形は米やパスタを料理する際、湯の吹きこぼれを防いでくれます。

フライパンは幾つ持っていますか？

最近、私は鉄製のフライパンとステンレス製のシチュー鍋しか使っていません。フライパンではその場で直に焼くもの、卵やステーキね。シチュー鍋では野菜やシリアル、豆、スープを煮ます。

私の友人

フライパンの数、これはほとんどの家で約半ダースはあると言われています。モノを溜め込むのが大嫌いな私は、一つで何役もこなす調理器具をずっと探し求めてきました。

一時期、私は底が平らになっている韓国製の蓋付ウォック（中華鍋）を購入し、中国人がウォック一つでなにもかも作るそのミニマリズムに敬意を表したものです。韓国製のウォックは大型で蓋が付いていない従来の中華鍋よりも場所を取らず使い勝手も良かったのですが、なぜかすぐに飽きてしまいました。

それから10個近くのフライパンを次から次へと試してみた結果（友人たちには陰で笑われていました）、「フライパン二つで料理は完結する」という結論に達しました。一つは鉄製の小さなフライパン。これで朝のベーコンエッグやクレープやガレット、ブリニス（ロシア風パンケーキ）等を焼きます。もう一つはソトゥーズという名前で呼ばれている深めのフライパン。これで残りの調理をすべて賄うのです。

料理愛好家たちが、鍋は絶対に鋳物の鍋！ という気持ちもよく分かります。でも私にとっては鋳物の鉄鍋は使いにくいのです。まずは手入れが大変で、おまけに大変重いからです（1・5から2キログラム）。手首をケガしていたりテニス肘を患っていたりしたら、さらに高齢になったら手に負えないでしょう。

また、難点もあるのです。鋳物の鉄は酸を嫌います。酸がせっかくの黒光りの鉄肌を傷め、食品の味も変えてしまうので、料理をすべてこれで賄うのは無理。他にも鍋かフライパンが二つか三つ必要になるでしょう。

ソトゥーズ鍋がお薦め

ソトゥーズ鍋は一般家庭ではあまり見かけないものかもしれません。特に料理のプロまたは美食家たちが好んで購入している鍋です。ところがこれが調理器具の中でもっとも機能的な鍋なのです。これは煮込み用の鍋とフライパンの機能を併せ持つ、この二つのちょうど中間のような調理器具です。鍋縁がカーブを描くように丸くなっているものと真っ直ぐのものがあります。

ソトゥーズ（sauteuse は sauter《ソテー》 という動詞から成り、飛び跳ねるという意味の外にソテーする、炒めるという意味がある）の名前通りに食材をソテーするために鍋縁が若干反っています。また、肉などをソテーした後にそのままコトコト煮込むことができます。それだけではありません。野菜、米、パスタ等の食材をソトゥーズは焼く、炒める、煮る、蒸し焼きにすることができます。

ソトゥーズは鍋ほどのボリューム感はなく、手に取るとすぐに料理したくなります。ソトゥーズ一つでフライ、蒸し料理、グリル、煮込み料理をこなせます。柄が外せるタイプのものは、そのままオーブンに入れて焼くこともできます。その選び方は、高品質の煮込み鍋同様の基準を満たすもの（厚底ステンレス、注ぎ易い縁、完全密閉する蓋）となります。難点を一つ挙げるとすれば、使用する前に食材がくっつかないようにソトゥーズ鍋を十分に熱しておくことくらいでしょうか？　でもこれもすぐに習慣になります。この調理器具はシンプルと利便性を愛する人たちにとっては欠かすことのできない「必須」調理器具になると思います。

オーブン用の耐熱容器は多くても1枚か2枚に

芹焼やすそわの田井の初氷　芭蕉　俳句

4人の子供の母親である私の友人は、オーブン用の耐熱皿は1枚しか持っていないけれどもそれを始終使っていると言います。オーブン用の皿はもっとも一般的な調理器具の一つで非常に便利で用途の広い道具です。そこに食材を並べ、オーブンに入れて焼けるのを待つだけでいいのですから。単に野菜を並べてハーブとオリーブオイルを上からかけるだけのシンプル料理から、リンゴのクランブルパイやレモンタルトに至るまで、オーブン皿は煮込み鍋のごとく数多くの料理を可能にしてくれます。

一般的に私たちはパイレックス製または陶器製の皿が一番便利と考えがちですが、専門家によるとステンレス製のほうがガラスや陶器よりもオーブンの中での熱伝導が優れているとのこと。さらにステンレスは片付けが簡単です。皿の形状に関しては、長方形の型は丸や楕円形よりも仕舞うのが簡単です。ステンレス製の皿の場合、縁はあまり高くないのですが、タルトやキッシュを焼くのには好都合です。

その他にも肉や魚に下味を付けるためのバットとして、または小さなパテ料理を作ったり、茹でた野菜を冷やしたり、パンの発酵などの受け皿としても使えます。

結論。調理に必要な鍋やフライパンの数は4、5個

小鍋を除けば、これらの調理器具のどれを使っても大抵の料理はできます。私の友人の一人は1年間一つの鍋だけで過ごしたと言っています。しかし、長期的に見て、バランスの取れた食事には野菜、たんぱく質、穀物が必須です。そうであるならば、ストレスなく同時にこれらの食材を調理するには、最低限、数個の調理器具は持っておいたほうが効率よく簡単に作業が進められるのではないでしょうか？　その他の調理器具（鋳物のココット鍋、魚焼き器、ブリニスやクレープ用のフライパン）等は付随的なものになるでしょう。

ご参考までに、調理に欠かせない多目的に使える調理器具は次のようなものです。

・小片手鍋（湯を沸かす、少量のスープを煮る、卵を茹でる、ソースを作る等）
・大鍋（野菜、カレー、じっくり煮る料理）
・万能鍋（米などの穀物を炊く、豆・大きめの野菜を煮る）
・ソトゥーズ
・オーブン料理用の耐熱皿　1、2枚
・小さな鉄のフライパン（目玉焼き、ブリニス、シリアルのガレットを焼く）

ハンドブレンダーはキッチン電化製品のトップ選手

キャロットラペやキャベツの千切りを作るのに電動フードプロセッサーを使うのは面倒だわ。ボウルや蓋、カッターをその都度洗い、拭き、出しておかないとならないもの。

友人のイサベル

料理も菓子も電気が発明されるよりずっと以前から作られていたのにも拘らず、私たちが最新のテクノロジーの恩恵に与っている時は、その技術の素晴らしさに感激するよりもむしろ不愉快な無力感に似た気分に陥ることがあります。

しかし卵白を白雪のように泡立てるミキサー、というよりも混ぜる、泡立てる、潰す、を1本でこなすハンドブレンダーは別です。このハンドブレンダーは、取り出して作業に必要なアタッチメントを取り付け、作業後に洗って元あった場所に戻すだけ。これはかなり調理時間を短縮してくれます。何と言っても、もし今後、市販のソースやスープに頼りたくないのであれば、料理には、配合する、叩く、混ぜる、粉末にする、刻む、すりつぶすといった作業が付き物です。それをこのハンドブレンダーは、クルミを滑らかなクリーム状に、固くなったパンをパン粉に（グラタンの上に散らします）、卵白を淡雪状に、そして毎朝飲むスムージーを、アペリティフに飲むジントニック用クラッシュアイスを、あっという間に作ってくれるのです。

ハンドブレンダーの種類はピンからキリまでありますが、ハンドブレンダー界の「ロールスロイス」（最高級品）は、私たちが敬愛するお隣の国スイスで1954年に製品化され、その後もほとんどモデルチェンジされていません。

ハンドブレンダーの刃は用途別に簡単に付け替えることができ、大小のブレンド用容器も付いています。小さいほうで食材を混ぜたり粉末にし、大きいほうでは食材をこねたり、薄切りや細切りにします。

このような調理器具を購入することは、高品質の鍋やフライパンの購入同様に、大きな出費となることでしょう。でも今後、料理のレパートリーを際限なく増やし、しかも自炊に飽きることなく、今まで時間がかかっていた調理を簡単にすることに貢献してくれるのです。購入にかかった費用はそれだけでも相殺されるのではないでしょうか？

ハンドブレンダーが担ってくれるのは、次のような作業です。

・スープ作り
・ソース作り（マヨネーズ、ベシャメルソース、芝麻醤《チーマージャン》、フムス）
・みじん切り（玉ねぎ、マッシュルーム）
・千切り（キャロットラペ、ポテトのガレット）
・ファルシー、詰め物（餃子の具、バターガーリックパセリのソース、肉詰めトマトの具）
・粉末モノ（パン粉、サラダに振りかけるためのピーナッツ、アーモンド、クルミ等、黒コショウ、スパイスミックス）

・こねる（パン種、タルト生地）

オーブントースターをもっと使おう

一般的にいわゆる「本物」のオーブンを使うことが多い西洋ではあまり見られないものかもしれませんが、伝統的にオーブンで調理することがなかった日本では、このオーブントースターはどの家庭においても避けて通れないほどの必需品となっています。

私の目にはオーブントースターとハンドブレンダー、この二つだけがキッチンで役に立つ、大変便利な電化製品のように映ります。場所に制約のある学生寮等でも、恐らくトースターほどの大きさのオーブントースターなら問題なく居場所を見つけることができるでしょう。オーブントースターはすぐに熱くなりますし、一般的なオーブンとほとんど同じメニューに対応できます。

ピザ、キッシュ、グラタン、タルト、小さめのロースト肉、野菜のオーブン焼き、ソーセージや余った肉のグリル等。機種によって異なりますが、最高温度が１８０℃まで設定でき、消費電力も大きくありません。

キッチンの小道具をセレクト

ずっと必要だと思っていたモノを捨てる、例えばレタスの水切り器。家にあるものすべてをひとつひとつ必要か否か再考してみてごらんなさい。驚くべき発見をすることになるでしょう。

ベア・ジョンソン『ゼロ・ウェイスト・ホーム』

キッチンの散らかりの多くが次のようなキッチンの小道具によるのです。ニンニク搾り器、野菜のスライサー、オリーブの種抜き、どの家にも最低10本はある計量スプーンや調理用ヘラ等、本当にこれらは必要でしょうか？　よく考えた上で、選別する必要があるでしょう。

もちろん柑橘類が多く採れる地方にあなたが住んでいて、レモンを大量消費するのであれば、レモン搾り器1個くらい欲しくなって当然です。でも専門家に言わせると、レモンを半分に切りフォークを差し込んでぐるりと回して搾るとレモン搾り器よりも多く果汁が取れるそうです。ニンニクにおいても同じこと。薄皮付きのままのニンニクを包丁の腹の部分、または瓶の底で叩くと薄皮が剝けて中身があっという間に取り出せます。それを包丁で細かく刻むのはお茶の子さいさいでできるはずです。

　ある有名シェフは、世界中のプロ仕様のキッチンで働いた経験から、一つのルールを決めたそうです。それは少なくとも二か所以上のキッチンで使用されていたキッチン道具のみを購入するというもの。パルメザンチーズの「削りコッパ」はエコノムと呼ばれている皮剝きナイフやピーラーで作れます。サラダ菜の水切りと保存は次のようにします。洗ったサラダ菜は乾いたフキンを広げて中央に入れ、四隅を持ち上げてシンクまたは窓の外に向けて数回振ります。水が切れたサラダ菜はフキンで包んだまま冷蔵庫の下段で保存します。

　このような小道具がなくても簡単にできるので、便利さをうたっているアイデア商品には気を付けましょう。場所を取りますし、基本的なキッチン道具の利用を妨げます。ストレスにもなり、時間の無駄、ほとんどがなくても済むものなので処分しても良いものです。

ベーシックなキッチン道具

まな板と包丁

> 丁寧に作るためのコツは、まず「音を立てずに作る」ということです。（中略）後ろから斜め前に差し込む、あるいは前から斜め後ろに、「スーッスーッスーッ」というように丁寧に引き切ると、余分な力もいりませんし、野菜の細胞をつぶしてしまいませんから、栄養素もきちんと残ります。結果として、大きな音もしなくなります。
>
> そして、包丁は基本的にまっすぐ持つことです。（中略）
>
> さらに、途中でこまめに包丁やまな板を洗うなど、「面倒だ」と思わずに工程を踏んでいくことも、丁寧に料理をするという観点からは役に立つでしょう。
>
> 小池龍之介『考えない練習』小学館文庫

食材がこぼれ落ちずに余裕を持って作業するために必要なまな板の大きさは約30センチ×40センチになります。料理する空間が十分にない場合、このまな板（できれば無加工の木製のものがお薦めです）がワークスペースになるでしょう。粗塩と半分に切ったレモンでこすると汚れは綺麗に落ちます（最悪の場合、紙やすりでこすると汚れは完全に落ちます）。

包丁は1本あれば十分です。でもそれはよく切れる1本にしましょう。普段使いのものであれば、多くのシェフが使う包丁の刃渡りは約20センチのものです。また、簡単に研ぐことのできるものにしましょう。研ぎ石も必須です。

キッチンでは包丁が主人。包丁なしでは何も作れません。そうなると包丁が上手く使えるようにならなくてはいけません。野菜を切る時は常に野菜の平らな面をまな板に置いて切るようにすると、野菜が滑ったり転がったりして指を切るということはなくなります。その時野菜を押さえる手は蟹の爪のように内側に曲げておきます。

でも包丁で皮を剥く必要のない食材もたくさんありますね。野菜の多くは皮の部分に栄養が含まれているため本来ならば皮を剥く必要はないのです。有機野菜の場合は特に。洗った後そのまま使いましょう。ピーマンの種を抜く場合もヘタの部分を指で中に押し込み、指3本入れて中の白い薄皮を種ごと抜き取ります。その後同様に手でピーマンを平らにし、薄い片になるように手で切り裂きます。レタスやサラダ菜も手でちぎりましょう。そのほうが美味しそうに見えます。
包丁を使うことそれ自体が楽しみとなることも。禅語で「且緩々《しゃかんかん》」という言葉がありま
す。これは何事も焦らずにゆっくりと行うことを促し、緊張した気分を緩めなさいと諭す言葉です。

まな板上で食材を切る時の規則正しい音にも同じように心を落ち着かせる作用があるようです。私の友人の一人は嫌なことがあっても、料理しながらトントンと規則正しく刻まれる包丁の音を聴き、食材の放つ香りを嗅ぐうちにイライラしていた気持ちが落ち着き、次第に機嫌も良くなってくると言います。「私にとってはこのような時間が必要なの」と言う友人ですが、まさにこれは本人にとっての瞑想タイムなのかもしれません。

ボウル、ザル、バット、計量カップ

昔、私の母は1日の大半の時間を台所で過ごしていたのを覚えています。そこで母が使う道具から「美味しそう」な音が聞こえてきたものです。まな板を叩く包丁のリズム、ボウルの中で卵を混ぜる泡立て器の音など。

キッチンの必需品であるボウルとザルは、二つがセットになっていてきっちり重ねられるものがお薦めです（できれば取っ手がついているもの。そうすれば壁のフックに吊るすことができます）。これは様々な用途で使えるものですが、ザルの目が細かいことが条件です。ザルにガーゼのフキンを敷きブイヨン、ジュース、ヴルーテ等を濾すことも、小麦粉の篩《ふるい》として使うこともできます。もし料理をする回数が増えるようならば、一回り大きいボウルがあればより便利になるでしょう。その中で野菜を洗ったり、パン種をこねたり、サラダを作ったりできます。

　バットは使い始めると癖になります。そこにヘラや計量スプーンを置いたり、卵を溶いたり、これから刻む長ねぎを置いたりと。蓋付の金属製のバットの場合、食品の保存にも使え、そのままオーブンに入れて焼くこともできます。これも便利で多機能なキッチン道具と言えるでしょう。

　最後に計量カップ。普通のコップで代用できるのでは？　と言いたいところですが、通常の容量が５００ミリリットル、柄が付いているこの計量カップをキッチンのシンクの上にぶら下げておくと、一日中、何度もそこに手が伸びていることに気がつくでしょう。卵を溶く、ソースを混ぜる、バジリコの葉を水に浸けてもどす、米を炊く時の水の計量、キッシュを作る時の小麦粉の分量を計量するなどなど。

ガスコンロ近くにキッチンツールスタンド

私はこのトングと大変良好な関係に在る。このトングを手にすることで私は料理人である自分を取り戻す。今自分がキッチンに居ると分かるのだ。私にとってこれは料理人の魔法の杖みたいなもの。

エリック・ゲラン『料理人とトング』

プロとしての制約がない限り、大量のヘラや計量スプーンは要らないはずです。ヘラは2本もあれば足りるのではないでしょうか（1本で料理を混ぜ、もう1本で灰汁《あく》を取るというように）。

計量スプーンのセット一つ、シリコン製のヘラ1本、レードル2本（そのうちの1本は容量50ミリリットルの小さめのレードルでカレーやソース、スープをよそう時に使います）、小さめの泡立て器1本（大きいものは場所を取りすぎます）、キッチンバサミ、トング、そして最後にピーラー、これらの調理器具はガスコンロの近くに置いたツールスタンドに立てて入れておき、他の小物は引き出しに仕舞います。

小物を収納するための引き出し

キッチンでは可能な限り道具を減らします。小さな道具が溢れているキッチンにいるとあなたは食材との距離が離れていきます。逆にすり鉢とすりこぎを使い、あるいは機械を使わずに包丁で肉を細かく刻んでいるのなら、あなたは自分がより自立した人間であり、自分がしている作業の責任者であることを感じ始めるでしょう。

アメリカのシェフ・作家　アリス・ウォータース

おろし器は二つあれば十分です（スライサーセットは場所を取るだけで使いこなせません）。一つは細くて長い「イタリアン」。2・5ミリメートルの穴のものでキャロットラペやパルメザンチーズ、ゆで卵を「ミモザ風」にする、玉ねぎをおろし、固くなったパンでパン粉を作る、等の用途に適しています。もう一つは目がより細かいおろし器で、レモンの皮をすりおろしたり、ニンニクや生姜をおろすのに適しています。おろし器と同じ引き出しに栓抜きや缶切り、そしてあなたの家に男性がいない場合は、安全なシャンペンオープナーもそこに入れておきましょう。

ハンドブレンダーにも容器付きのものは数秒でおろす、粉末にするといった機能が付いています。当然のことながらハンドブレンダーをお持ちの場合は、おろし器は必要ありません。

掃除道具

掃除道具も気がつかないうちにキッチンスペースを占領しているものです。フキン、雑巾、食器洗い用洗剤、鍋の磨き粉、ゴミ袋、ゴム手袋、スポンジ等々、ここでも選別作業が必要になります。

フキン

フキンは私たちに仕《つか》えてくれている道具の中でもっとも控えめな目立たない存在でしょう。ところがこのフキンが大好きという人もいるのです。

私の妹はフキンのコレクターで、旅行の時はコレクションから必ず1、2枚持っていきます。反対にフキンが大嫌いという人もいます。私の知人にはキッチンにあるものすべて、食器も含めて、ペーパーキッチンタオルで拭く人がいます。あまり環境に優しい行為とは言えないかもしれませんが、私自身油汚れのひどいものを洗う時に、キッチンタオルで一度拭いてから洗っています（こうすることで排水管の汚れを防ぐことができます）。

キッチンにはフキンが2枚、雑巾が2枚もあれば十分でしょう。熱い湯で絞ったフキンでキッチンのワークスペースを拭き、乾いたフキンで二度拭きするのです。私はフキンをお洒落な籐編みのカゴにキッチンペーパー一巻きと一緒に入れてキッチン棚の上にさりげなく置いていますが、誰もそこにフキンが入っているとは思わないはずです。

洗い終わった食器をフキンですぐに拭く人もいれば、そのまま洗いカゴにあげて自然乾燥させる人もいます。よりミニマリスト的な方法は、市販の洗いカゴを持たないこと。二重に敷いたフキンに洗い終わった大きな食器を伏せて置き、小さな食器は円形の編みザルに入れて乾かします。

掃除用洗剤

私がダイエットを始めるきっかけになったのが、工事中だった家で数か月間も過ごした後にすっきりと片付いたキッチンに戻ってきたこと。不思議と料理をする気に、自分の身体を労わる気になったの。

友人

掃除用具をたくさん所有し、魔法のような掃除方法を数多く知っていることがキッチンを清潔に保つシンプルな方法ではありません。

掃除用洗剤は二つか三つあれば十分なのです。ホワイトビネガー（これは茶渋も取ったり、ガラス拭きや洗濯に使います）、重曹（ホワイトビネガーと混ぜて使うと効果的）と過炭酸ナトリウム（酸素系漂白剤）です。これらの洗剤に加えて私が手放せないのが高純度アルコール分77％のスプレー。これは壁面の汚れや油汚れを１００％落としてくれるだけでなく、キッチン内の除菌、臭い消しとしても優れています。

ケーキ作りにも挑戦したいなら

「ケーキ作り用、オーブン」というボックスを用意して吊戸棚の一番上に仕舞いましょう。焼けたケーキを冷ますためのケーキクーラーやケーキ型、ベーキングパウダー、刷毛、生地を伸ばす麺棒等を仕舞っておきます。タルト台、グラタン皿は、もし蓋付ステンレス製のバットをお持ちであれば、それで代用できます。

キッチンにあると便利なモノ

救急ばんそうこうや解熱剤等を入れた小さな救急箱をキッチンに置きましょう。指を切ったり、頭痛薬を飲むためにコップに水を入れに来たりするのは、大抵この場所、キッチンだからです。他にもラベルを貼るためのテープやマジックインキ、荷造り用の紐、肉のロースト用のタコ糸、楊枝、買い物を書き出すためのメモ用紙、セロファンテープ等。

このような細かいことまで書くと笑われるかもしれませんが、段取り良くすることは決して恥ずかしいことではありません。料理関係の本の編集者、クリスティーヌ・ガラリーは彼女の母親が結婚のお祝いにプレゼントしてくれたラベルライターを宝物のように大切にしていると話してくれました。結婚祝いとしては奇妙なプレゼントですが、今では日々感謝しているとのこと。家の中のありとあらゆる瓶、収納ボックスが皆きちんとラベリングされ、見た目も綺麗で、キッチンの作業もスムーズになったそうです。

有害物質を含む調理器具を高品質のものと交換する

身体に害を及ぼす恐れのある調理器具を認識していますか？

キッチン道具を減らす、または見直しを促す一番の理由は、調理する行為を軽やかに、流れるようにするためです。二番目の理由は、全く別の観点ですが、これはもっと重要なことかもしれません。それは調理器具から発生する有害物質を排除するためです。

家庭でもパンが焼けるホームベーカリー、電気ポット、コーヒーメーカー、ラクレットチーズ用電気プレート、電気蒸し器、電気炊飯器等々、調理の時間を短縮し、生活を便利にするために、私たちは数多くの電気製品を料理の現場で使っていますが、戸棚の中で場所を取っていることも問題です。

果たして、このような製品は私たちの健康にとって安全なものでしょうか？　これはテフロン、こちらはプラスティック……せっかく有機栽培の小麦を使って健康のためにホームベーカリーでパンを焼いても、その内壁が何でできているのか考えてみたことはありますか？　コーヒーメーカーや電気蒸し器の内壁、電気炊飯器の内釜はどうでしょうか？　私たちはただでさえ場所を取るこのような電気調理器を揃えていながら、これらが健康に有害な物質で作られていることに気がついていません。私たちが口にする食品の多くには添加物や残留農薬が含まれていると言われていますが、私たちは知らないうちに有害な調理器具を使って調理をしながら、ありとあらゆる発がん性物質や健康に有害な物質を消費しているのです。

フライパン、鍋、タッパーウェア、ジップ式の保存袋、蓋、まな板、ザル、ボウル、キッチン小物、ラップ用ビニールフィルム、アルミホイル、キッチンペーパー、電気炊飯器、電気蒸し器、掃除用品等々、これらの製品のほとんどにテフロン、アルミニウム、プラスティック、その他の有害物質が含まれているのです。

テフロン

テフロン加工のフライパンは世界中のキッチンを席巻しましたが、テフロンそのものの正式な名称はＰＴＦＥ（ポリテトラフルオロエチレン・４フッ化エチレン樹脂）というもので、何ら革命的なものではありません。それ自体はさほど大きな危険を有するものではないものの、それを基盤となる素材（鉄またはアルミニウム）に貼り付ける際に使用される工業用接着剤ＰＦＯＡ（パーフルオロオクタン酸）が問題のようです。

　これは人の内分泌機能を阻害し、消化や肝臓機能のあらゆるトラブルの原因となります。男性の生殖機能を低下させ、発がん性（特に乳がん、子宮がん、前立腺がん）があると言われています。メーカーは私たち利用者にテフロン加工されたキッチン道具の加工部分を傷つけないように木製かシリコン製のヘラを使うことを推奨していますが、彼らは一つ隠していることがあります。

　実際にテフロンを傷つけるのはヘラではなく、調理時の高温加熱なのです。テフロンは２４０℃を超えると溶け始めます（およそ5分間も加熱すれば容易に２４０℃に達します）。するとテフロンははげ落ちて粉砕され、フッ素を含む有毒ガスを放出しながら溶けていきます。溶け出した微粒子はどこに行くのかというと、私たちの食べ物の中に混入されるのです。この事実をもう少し詳しく知りたい方は『The Devil We Know』という衝撃的なドキュメンタリーをご覧になることをお勧めします。

アルミニウム

女は茶棚の中から沢庵漬《たくあんづけ》を山盛りにした小皿と、茶漬茶碗と、それからアルミの小鍋《こなべ》を出して、ちょっと蓋《ふた》をあけて匂をかぎ、長火鉢の上に載せるのを、何かと見れば薩摩《さつま》芋《いも》の煮たのである。

永井荷風『濹東綺譚』岩波文庫

アルミ製の鍋はすぐに熱くなり軽いので、長い間主婦たちのお気に入りの鍋でした。しかし、今日では数多くの研究がアルミニウムの有害性を証明し、食品との接触は避けなくてはいけないと言われています。アルミニウムの過度の利用は（特に熱を加えた場合）、アルツハイマー病を引き起こす原因の一つとされています。アルミ製の鍋、アルミホイルで包まれた食材は加熱するとさらに有害度が増すというのです。

健康にとってこれほど悪いことはありません。私たちは気付かないだけで日々の生活の中ですでに十分な量のアルミニウムを消費しています（缶入りのソーダ水またはビール、水道水等）。そしてさらに調理しながらも消費していることになるわけです。アルミ製の鋳物については、本物の鉄製鋳物とは全く別物です。これは鋳物の技術を用いて、アルミニウムを型に流し込んで作られたものです。

琺瑯、セラミック、「ダイヤモンド」コーティング、ストーンコーティング

テフロン製のフライパンを捨ててセラミック製にしましたが、これが大惨事！　焦げ付かないですって？　嘘ばっかり！

鍋を買った客

琺瑯引きの鋳物、セラミック鍋、ストーン製フライパン等々、用いられる専門用語や支払われた金額がどうであれ（中にはかなり高額な有名ブランドの鍋もあります）、ほとんどの製品に有害物質は含まれています。琺瑯やセラミックの組織構造について分か

っていることは非常に少ないのですが、基盤となる素材をコーティングする製造過程には必ず不自然な工程があると思われます。

さらに言えば、琺瑯には有害とされる鉛、カドニウムや色付けするための色素も含まれます（あなたがお気に入りのオレンジ色のココット）。セラミック製のフライパンはヘルシーで環境に優しいエコな調理法には欠かせないものとして長い間紹介されてきましたが、実際には壊れ易く長持ちしません。

早い時期にセラミックコーティングはひび割れを起こし、基盤となっているアルミニウムが食材と直接触れるようになります。「エコ」（環境に優しい）と言われているコーティングすべてが「ナノテクノロジー」から来るものです。「ダイヤモンド」コーティングも実は花崗岩をテフロン化させたようなものです。

ストーン製フライパンは、食材が焦げ付きにくいという点で評判ですが、上記のダイヤモンド同様に加工方法は不自然なもので、恐らくＰＴＦＥを用いて製造されていると思われます。そして微粒子が細かければ細かいほど人体組織に入り易いとも言われています。

電子レンジ

現代のほとんどのキッチンで、電子レンジの利用は避けて通れないものとなっています。使い方も簡単で調理時間も短く、何よりも便利。食品を温めることも解凍することも、調理することもできるからです。今の若い世代の人たちは電子レンジなしの生活など考えられないでしょう。

しかし、その利用には未だに議論が付きまとっているのです。電子レンジのマイクロ波が食品に含まれる水の分子を振動させ温度を上昇させるためには、約２４５０メガヘルツレベルの非常に高い周波数の電磁波を作り出す必要があります（これは軍事用レーダーの周波数に相当します）。食品に含まれる水の分子は1秒間に約24億５０００万回方向を変えるのです。

私たちが電子レンジから取り出したものをすぐに飲んだり食べたりすると、これらの分子は少なくとも10分間は私たちの胃袋の中で活動を続けます。すなわち私たちは活動を続けている電磁波と共にビタミンや栄養素が破壊された食品を飲み込んでいることになるのです。そして、これは正直に認めましょう。電子レンジで焼いたり温めたりした食品は本当は美味しくないと。

私たちは年間２５０グラムほどのプラスティックを食べている

プラスティックは私たちの河川や海洋を汚染しているだけではありません。（中略）私たち一人一人の中にもあるのです。

カナダの研究者

プラスティックが危険なのは地球にとってだけではありません。私たちの身体をも占領しつつあるのです。カナダの研究によれば、成人一人が飲み込むマイクロプラスティックの量は年間５万２０００個になることもあるそうです。もしペットボトルに入った水のみを飲んでいる場合は、そこに90・０００個のマイクロプラスティックが追加されます（水道水を飲んでいる場合は４・０００個）。従って人は毎週多くて５グラム、クレジットカード１枚の重さに相当するプラスティックを食べていることになります。

この数値は人によってもちろんばらつきはありますが、このことはプラスティックが海洋生物にのみ害を及ぼしているわけではないことを証明しています。

プラスティック製造業者及び利用者に対する経済利益があまりにも膨大であるため、この素材の有害性についての評価は正当に行われていないのが現状です。プラスティック製品のリサイクルやゴミ処理法については今、話題になっていますが、人体の健康面に与えるインパクトはまだタブー視されています。このような費用の高く付く医学的な研究に誰も投資しませんし、する価値はないと考えるからでしょう。

もちろん、完全にプラスティックを廃止することはできませんが、せめてその使用を減らしてみることはできるのではないでしょうか？

ケミカル製品には注意しましょう

シリコンは天然の素材をベースに製造されていて、油を使わない調理が可能な上、その軽さ、電子レンジでも使用できるなど、無視できない利点を持ち合わせています。

しかしながら、このシリコンも、工場で天然の素材を加工して製造された製品です。シリコンは、原材料であるシリカと他の素材を混合しなくては製造できないのです。幾つかの研究によると、少なくともシリコンケースの80％は規格を上回る量の揮発性有機化合物を含有していると言われています。その上シリコンはリサイクルできません。さらにシリコンケースに入れて調理した料理からはオーブンで焼いた香ばしい香りや歯ごたえのある食感は得られないのです。

また、真っ白なキッチンペーパー。これも漂白されていますので、気を付けましょう。

有害物質を含む調理器具の代わりに何を使ったらいいですか？

焼く、煮るなどの調理には、ステンレス、鋳物の鍋、耐熱ガラス

これは驚きです。それがお手伝いさんの部屋であろうが、誰かの応接間であろうが、畳の一室であろうが、関係なくそこで必ず私は自然との深い接触を感じられるのです。そこで私が使うモノ。このモノたちは儀式という状況においても決して部外者にはならずに溶け込みます。それはこれらがシンプルで、限りなく自然に近いものだからです。原木、鉄、陶器、竹、絹、漆。人工的に合成された素材や大量生産されたモノは一切ないのです。

フランスの茶人　フランク・アルマン『茶道』（未邦訳）

有害物質を含む調理器具の代わりに使えるものは実はあまり多くありません。ステンレス、琺瑯でコーティングされていない鋳鉄、鉄、ボロシリケイトガラス（パイレックスなどの耐熱ガラス）です。

鋳鉄製の鍋の熱伝導は素晴らしく、頑丈でもあるので母から娘へと何世代にも亘って使える鍋です。また使っているうちに油が馴染み焦げ付きにくくなります。ただこの鍋は非常に重く、錆を防ぐための手入れにも手間取ります。一方、鉄製の鍋やフライパンは軽く、使うごとに油の乗りが良くなります。ただこちらも錆び易いため、使用後は毎回よく乾かし、薄く油を塗っておく必要があります。ステンレス製の調理器具は代替品としてはもっとも優れています。とりわけ18・10のステンレスの鍋は最高です。この素材は耐久性に富み、食材本来の味もよく引き出してくれます。購入する際には必ず18・10の鍋であることを確認してください。最後にパイレックスなどの耐熱ガラス。これも重い。またパイレックスのフライパンはお世辞にも便利とは言えません。食材がすぐにこびりついてしまうからです。

食品の保存には、再利用できるガラス瓶、蜜蠟ラップを

ジャム等が入っていたガラス瓶は食品保存用に再利用しましょう。水はペットボトル入りのものは買わずに水道水をろ過して使いましょう。炭を入れた縦長のガラスの容器に水道水を注ぎ入れるのです。しばらく置いておくと美味しい飲み水になります。その味がお気に召さないのであれば、フィルター付きの水差しを使うのも良いでしょうし、一旦水を沸かして白湯にしておくのもお勧めです。一番手軽な方法は、レストランで利用されているやり方で、瓶に水道水を入れ一晩冷蔵庫で蓋をせずに冷やすのです。翌日にはよく冷えた無味な水になっています。

キッチンではプラスティック製の食品ラップを蜜蠟でできたものと交換しましょう。こちらは何回でも洗って再利用できます。生野菜にはクラフト紙の袋を使いましょう。

火の通った食材は、蒸し器にそっくりそのまま入れられる容器に入れて保存します（そうすれば温め直す際に鍋を汚さずに済みます）。少人数世帯の場合、食材はできる限りばら売りのものを買うようにして、まとめ買いは避けましょう（ヨーロッパでは、現在、大型スーパーで、最低限全商品の20％をばら売りにする、という法律が２０３０年

までに施行される見通しだそうです）。

食品ラップの利用を減らす意味で、食品を冷凍しすぎるのも避けたいところです。どのみち冷凍することで食品の味と風味はどうしても落ちてしまいます。友人のマリー・ポールいわく、私たちは「生きている」もの、すなわち「いずれ腐るもの」を食べるべきなのです。

プラスティック製の小物を減らし、その分木製、ステンレス製を増やす

プラスティック、またはシリコンでできたザル、茶濾し、ピーラー、泡立て器、ヘラの数を減らし、その分ステンレスあるいは木製のものを増やしていきましょう。そうすれば壁にそのまま吊るす、またはキッチンツールスタンドに直接立てておいても見た目が美しくなります。あなたのキッチンに「わびさび」の魅力が感じられるようになるでしょう。

無漂白クッキングシート

コーヒーフィルター、医薬品、練り歯磨き、化粧品、絵の具等には発色剤として二酸化チタンのナノ粒子（Ｅ１７１と表記されています）と呼ばれる添加物が幅広く使われていますが、これは世界保健機関により発がん性が高いとされる物質の一つです。これが食品と直接接触する素材等に使用されている場合はできる範囲で避けましょう。

その点、無漂白のクッキングシートは安全なだけでなく大変便利です。アルミホイルの代わりにオーブン焼きもできますし、ラップの代わりにチーズをこれで包むとチーズの水分を程よく吸収しつつもチーズの味を損なわずに保存してくれます。

生野菜の保存には吸水性の高い綿または薄いガーゼのフキンに包むと鮮度を長時間保ち、プラスティックフィルムで包むよりも数倍気持ちの良いものです。

電子レンジなしでも

電子レンジはなくても全く大丈夫です。冷凍食品を解凍するためには、使用する数時間前に冷凍庫から出しておけばいいのです。食品を温めるには大昔からある幾つかの方法がちゃんとあります。

・冷ご飯を温めるためには、鍋に大匙2杯の水を入れて火にかける。そこに冷ご飯を加え、フォークで塊を崩し平らにする。蓋をして5分間とろ火で蒸す。

・冷えたパスタは、熱湯をくぐらせる。

・煮込み料理を温める場合、大きめの鍋底に水をひと回し入れ、そこに料理の入った容器ごと直接置いて弱火で湯煎にする。

・グラタンは、オーブンで弱火にして焼き直す。温度を70℃に設定すると焦げずに程よく温まる。これは電子レンジよりも時間がかかるかもしれませんが、身体にとってはより健康的です。ＩＨクッキングヒーターの場合は温度設定を低くし、そのまま温めることができます。

・タルトは、（タルトの台が柔らかくなってしまった場合）フライパンに入れ、蓋をし、弱火で10分間加熱するとサクサクとした台に戻ります。同じ要領をピザやパイ皮の料理の温め直しに応用できます。

・バター、チョコレート、ココナッツオイル等を溶かすまたは柔らかくする場合は湯煎にします。小鍋で直接火にかけると焦がしてしまうことがあるので要注意です。

私の京都のマンションの隣人は、いつもソトゥーズ湯煎で料理を温め直しています。ソトゥーズ鍋に水を張り、その中にご飯、おかず、味噌汁の椀ごと入れて同時に温めるので、いつでもホカホカの食事が楽しめるというわけです。

では職場ではどうしたらよいでしょう？　日本人はよく職場に弁当を持参しています。弁当は大抵冷めても美味しく食べられるように作られています。弁当は冷めていても、魔法瓶に温かいスープやお茶を入れて持っていけば美味しく頂けるのではないでしょうか？

プラスティックの使用を完全に止められないとしても

完全に脱プラスティックを宣言することは不可能なことではないかもしれませんが、仮にそれができたとしてもいろいろと制約が出てきて不便極まりない生活になるでしょう。他にどうしようもない時はプラスティックの使用も止むを得ないと思います。例えば乾燥大豆を茹でたとしましょう。これは煮込み時間が長いので一度に大量に茹でて残りは冷凍するほうが楽です。さて、柔らかく煮上がった豆を瓶で保存するのはなかなか大変なのです。豆同士がくっついて少量を取り出したくても難儀します。そういう時に、ジップ式の保存袋に入れて冷凍しておくと取り出すのも便利です。ベリー系の果実も同様、冷凍保存にはジップ式の保存袋が役に立ちます。

さらに生ゴミを処分するのにコンポストや焼却炉が家にあれば別ですが、プラスティックの袋がないと困ります。

とは言え自分の生活空間の中からでき得る限りプラスティック製品を減らしていくと決断するだけでも消費の仕方に大きな変化が訪れます。さらに徐々に冷凍の食材を減らしていくのです。何も食料がない時でも「少なくとも私の冷凍庫の中には、ソーセージ数本とパン、パセリ1束があるので切り抜けられる」と思える程度の量にしておけばよいのです。

私も実践しているのですが、冷蔵庫のサイズダウンを視野に入れても良いかもしれません。

プラスティック製品をできるだけ使わないようにすると決断するだけで自分の中に様々な新しい取り組みが条件反射的に生まれてきます。

例えばプラスティック容器に入ったヨーグルトを買わないようにすると、ヨーグルトを手作りするようになるかもしれません。また、不思議と出来合いの食品を直感的に避けるようになってくるので、タルトの生地やタブーレも自分で作ってしまうようになるかもしれません。このように徐々に家で自炊する習慣がついてくると、他の食習慣が気にならなくなってきます。

最高の調理法

低温・無水調理ができる調理器具

坐《ざ》辺《へん》師《し》友《ゆう》　北大路魯山人

（自分の周辺の生活空間、自分の身辺にあるものこそがおのれの師であり、友であるという意。本来「美」というものは、ただの観念ではなく、生活の中で具体化されてこそ意味がある。道具を使う、つまり「用」とは大きな創造の場。この「用の美」を教えてくれるのは生活の中にある「和の美」である。）

意外と知らない人が多い、低温による無水調理。この調理器具はミニマリズムと健康の極致です。価格からすると「贅沢」とも言えますが、健康でいられること自体がすでに贅沢なこと。何はともあれ、この調理器具は信じられないくらい素晴らしいのです。

無水調理ができる鍋が三つもあれば、あなたはテフロンフライパン、鋳鉄鍋、鉄鍋、土鍋、オーブン、電子レンジ、圧力鍋、そしてあなたのキッチンの戸棚を占領しているその他数多ある調理器具を処分できるでしょう。そのような自分の姿を想像できますか？

ソトゥーズ鍋一つと、同じ構造のステンレス製万能鍋が大小一つずつあれば、ステーキからクレープ、ピザ、パン焼きも含め、何でも調理できるようになります。鋳鉄の鍋で長時間コトコトと煮るのと同じくらい美味しい牛の赤ワイン煮込みが短時間で完成するのです。

低温調理とは実際にはどういうこと？

煮麺《にうめん》の下焚きたつる夜寒哉　芭蕉　俳句

私たちの祖母がやっていたような、炭火の上に鋳鉄鍋を置いて素材そのものに含まれる水分を用いてコトコト煮る従来の煮方と原理は同じですが、鍋が鋳鉄ではなく前項でもお話ししたステンレス18・10製であるということが違います。この材質の鍋は底が厚いので（高級品は5～7層、最高級品は9層）、低温の熱源で十分調理できます。ステンレスが調理器具の内部に熱を溜め込み、均一に拡散させるため、食材そのものに含まれる水分でじっくり煮ることが可能になるのです。

火はとろ火のままでも調理温度は90℃を超えることはありません。鍋の中の食材は焦げることなく「汗をかきます」。ソトゥーズの中に洗った野菜を濡れたまま入れて蓋をします。湯気が出始めたら火を一番弱いとろ火にし、数分そのままにしてから火を消します。この鍋は実は「蓋」がミソなのです。湯気が出てくるとその蒸気が「封」の役目をするため、鍋にピッタリ蓋がついて、中の食材がオーブンまたは圧力鍋の中のように蒸し焼き状態になります。

肉や魚を焼く時は蓋を少しずらして焼くと油はねもなく、臭いがキッチンに籠る心配もありません。トーストを焼くこともできます。食パンを置き、蓋をして数分焼きます。外側がパリッときつね色に、中はふんわり柔らかく焼けます。オーブンで焼くように、水なしでポテトを焼くこともできます。

野菜の蒸し焼き

これらの調理器具を用いて食材を蒸し焼きにする方法はもっとも健康に良い調理法と言えます。なぜならば野菜を、ミネラルやビタミンをそのままに、味わいも残して調理することができるからです。水なし、油なし、というのがこの調理法のもっとも素晴らしい特徴です。その原理は、鍋底が分厚いため熱が均等に食材に回ること。ゆっくりと加熱されていくことで野菜は焦げずに水分を出します。そこから出た蒸気が鍋の中に充満し上昇し、蓋に当たりますが、蓋の温度が低いので、蒸気は水滴となり中に落ちます。落ちた水滴は再び鍋底の熱に触れて蒸発、そしてこのサイクルが繰り返されるのです。このように、普通の使用条件下では、とろ火で調理をする場合、器具内の温度が１００℃を超過することはないのです。

この調理法のメリット

長時間に亘り、高温で食材を煮炊きすると、栄養素を破壊し、ＧＩ値を上昇させ、発がん性物質（食品が焦げることでできるメイラード反応）を生成するということは周知の事実です。低温・無水調理の場合、食材におけるミネラル成分の分子構造、オリゴエレメント、ビタミン等が守られます。

この調理器具で調理をするとビタミン、ミネラルその他の栄養素の90％が破壊されずに残ります。熱により焼かれてしまうこともなく（電子レンジでは10秒で破壊されます）、水に溶け出すこともないのです（熱湯で茹でる時と違う点です）。温度も１００℃以下に保たれているので、野菜の細胞膜が破壊されることもなく、従って本来野菜が持っているミネラルやビタミンがそのままの形で残されるのです。

野菜を完璧に蒸し焼きにするには、野菜からの水分を十分出すために、野菜の量は鍋の4分の3までとしています。従って野菜の量に見合った大きさの鍋を選ぶ必要があります。前述のステンレス鍋を使用する場合、鍋底が熱を十分に蓄えているので、通常のレシピに表示されている加熱時間よりも短く、約5分前に火を消し、その後は余熱で調理しましょう。また、野菜には調理中に塩で味付けをしないこと。塩が沸騰温度を上げることからビタミンの破壊プロセスを促してしまいます。また、野菜に含まれるミネラルとキッチンで使う塩（塩化ナトリウム）が「同化しない」ため野菜の味を変えてしまうからです。最後に、使用する野菜が有機野菜ではない場合は、二度に分けて火を通します。1回目で農薬などの添加物の一部は落ちます。

野菜の風味と形をそのまま残して蒸し焼きにする

せっせとおこづかいためて出刃包丁とか鍋とかザルとか買ったの。ねえ信じられる？　十五か十六の女の子が一所懸命爪に火をともすようにお金ためてザルやら砥石やら天ぷら鍋買ってるなんて。

村上春樹『ノルウェイの森』（上）　講談社文庫

この無水調理で蒸し焼きにすると、野菜そのものの風味だけでなく、形もそのまま残ります。さらにカリフラワーとじゃが芋といった異なる野菜を一緒に調理しても大丈夫です。

食材の色、風味、滋養が今までのモノと比べ物にならないほど新鮮で、オーブンで焼く時のように食材が熱で干からびることもありません。

ただ意外にもこれらの調理器具の知名度が低いのは、恐らくその価格の高さによるものと思われます（鍋一つが数百ユーロ、日本では6層タイプのステンレス製の鍋・フライパンの価格は単品で3万～5万円しますが、通販等のセット販売でより低価格で購入することができます）。しかし年月と共に、この投資は相殺されます。他の調理器具を買いたい気持ちはなくなりますし、この製品がすり減ることもないので、代々受け継がれていくでしょう。鍋底が厚く、しっかり保温されるため調理時間も短縮されますし、光熱費の節約にもなります（調理の後半はガスも電気も使わずに余熱で調理されるので）。

食材そのものの味があまりにも美味しいので、塩もバターも加えたいと思わなくなり、味付けや薬味もほとんど要らなくなります。そしてこれが身体にとても良いということが実感できるのです。この鍋を使い始めて体重が減った、高血圧や糖尿病の問題が（部分的、または完全に）解決したという利用者も多く見られます。従って、優れた調理器具を選ぶことが、いかに私たちの健康やボディラインに影響するのかが、このことからもよく分かるのです。

調理器具のサイズと容量

私たちは本当に自分が必要としているモノを持っているでしょうか？

削るべきは皆すでに削り、施すべきは皆すでに施せり

良寛

私たちは本当に必要なモノを客観視できないことが多いように思います。大きすぎる、または小さすぎる鍋を購入してしまった、重い土鍋、1年使っただけでこびり付くフライパンを買ってしまった、というような失敗をしたことはありませんか？

特に鍋、フライパンといった調理器具に関して、私たちはその用途をしっかり考えずに思いつきで購入してしまう傾向が強いと思います。それを使って何をするのかしっかりと考えずに、見た目のデザインがお洒落だから、または価格がお買い得だからという

漠然とした理由で購入しています。しかし、各調理に見合った調理器具のサイズ（このサイズを決めることは実はとても重要なことです）までこだわって考えることが無駄を省くことに繋がり、バランスの取れたシンプル料理を楽しむことができるようになるのです。

鍋やフライパンが好きになると料理が楽しくなる

私と主人は毎年家具付きの別荘をレンタルします。そこには調理器具も付いているのですが、鍋底が薄っぺらのものばかりなので、私はいつもサフダ菜の水切りカゴ、塩とコショウミル、皮剥き用のナイフと包丁、スープが焦げ付かないようにル・クルーゼの煮込み用鍋と食材がはみ出さないソトッーズを持参しています。

インターネットウェブサイト「シック&シンプルキッチン」

自分の調理器具を好きになるためには、まずそれらを吟味して選ぶことから始めます。材質のみならず、その人間工学的な面、使い易さ、各々の必要に応じたサイズ、容量が適切かどうかを確かめるのです。

一人暮らしの場合、大きすぎる鍋は作る量が多くなりすぎてしまいます。逆に大勢のための料理なのに量が足りないというのも困ります。皆それぞれに好みの料理、ライフスタイルがあるわけで、油ものが嫌いであればフライ用の鍋は必要ありません。毎日サラダを食べているのであれば、サラダを美味しく見せてくれる素敵なガラスの器を購入するのも決して贅沢なことではないでしょう。

あなたの食卓を彩るために、本当に必要な食器や調理器具を日々検証してみましょう。そうすると料理をしてみたくもなりますし、それが徐々に習慣となり、必要となり、一つのライフスタイルを形成していきます。

本当に必要なモノを客観的に見つけるためには、次に挙げる「正しい」質問を自分にしてみてください。

・私が日頃から繰り返し食べている食べ物は？
・私の好物は？
・繰り返し作ってみたいけれど、それを作るための調理器具がないためにできない料理は？

・客を招待する時にいつも私が作る料理は？　それはいつも何人分作っている？

調理器具や食器を正しく選ぶためには、まずは形、重さ、容量、サイズ、といった考察から始めますが、これを決めていくのは本当に頭痛の種、骨の折れる仕事です。

実際に私たちが本気で取り組んで答えを出していないことを、キッチン棚の中で眠っている未使用の鍋や食器の多さがすでに証明しています。

どのように調理器具のサイズを決めたらいい？

調理器具のサイズは、一人暮らしなのか大家族なのか、女性か男性か、年齢が30歳なのか90歳なのか、というような条件により当然変わってくるので、一律に同じサイズのものを揃えるべきではありません。

一人暮らしの人には直径14センチの大きさの鍋、フライパンは少し大きめに16センチのものがお薦めです。このサイズは持ち易く、洗い易く、見た目も可愛らしいのです。

私も電気炊飯器でご飯を炊くのを止めてから、〝マイ〟炊飯鍋を見つけるまでにかなりの時間を要しました。二人分炊けて吹きこぼれしない十分な深さのある鍋、ほぼ毎日炊くので洗い易い鍋でなくてはなりません。美味しく炊けると言われた鉄鍋も試してみました。炊飯専用に作られた土鍋や釜も試してみました。でも今一つ満足できません。鉄鍋や土鍋は私には重すぎるのです。おまけにご飯が鍋底にこびり付くため洗うのが一苦労。炊飯専用の鍋もサイズが大きすぎましたし、見た目が美しくないと感じました。

　そしてようやくたどり着いたのが直径14センチの厚底ステンレスの万能鍋です。その鍋は深さも十分で炊飯時に吹きこぼれることもありません。洗うのも簡単で、水切りカゴに伏せておいても場所を取りません。さらにお米のみならず他の穀類も炊け、スープも温めることができ、少量であればパスタも茹でられます（容量が限られているため少量ですが、ヘルスメーターは喜んでいます）。この鍋は私にとって申し分のない鍋、〝マイ〟炊飯鍋になったわけです。

　一方、一人暮らしをしている人が大きめの調理器具を使い、一度に2、3日分作り置きをして冷凍保存するというのもよく理解できます。直径24センチまたは26センチのソトゥーズは他の調理器具を汚さずに1食分丸ごとそれだけで完成させることができます。

週末に友人を2、3人招くためにカレーを煮たり、肉の煮込みを作ったりするにもこのサイズのソトゥーズがあれば十分です。

男性はなぜか、サイズが大きく、重い鍋を好むようです。

従って、皆それぞれが自分の用途や立場に応じた基準で調理器具を調えたら良いと思います。

ただ、ご参考までに、一人またはカップル世帯が持つべきもっとも機能的な調理器具は直径18センチのソトゥーズと2・5～3リットル用の煮込み鍋。この二つが基本になります。家族の人数が3、4人の場合はこれよりも二段階ほど大きめのサイズの調理器具があると便利でしょう。

食器の数は少なく、でも自分らしいものを

なぜこれほど多くの食器を持っているのでしょう？

ソローのウォールデンのキッチンに在ったもの

・レードル
・火ばさみ
・薬缶
・片手鍋
・フライパン
・食器洗い用の桶
・ナイフとフォーク2本ずつ、皿3枚、カップ1個、スプーン1本
・オイルを1缶と糖蜜1缶

フィリップ・ハーデン『ジャーニーズ・オブ・シンプリシティ』（未邦訳）

私たちの食器棚は常に一杯です。デパートの家庭用品売り場を見る時、私たちは一体何を求めて歩いているのでしょうか？　綺麗な食器？　それとも美しい食卓？　趣向の異なる雰囲気？　招待客をあっと言わせる「魅力的な」装飾？　それともちょっとした異国情緒でしょうか？

ヴェトナムのフォーを入れる大きめのどんぶり、日本の煎茶用の茶道具等のように、観光やガストロノミーの旅行で訪れた国で発見した料理等も、それに因んだ食器が欲しいという思いをかき立てませんか？　私たちは必要だからではなく、一目ぼれや抑えられない欲求から食器を購入しています。これはほとんど靴やハンドバッグの衝動買いと一緒です。大体どの家にもすでに代々親から子へと受け継がれている大量の食器、友人からプレゼントされたものや結婚式の引き出物等があるものです。従って私たちの食器棚には一連隊分は賄えるだけの食器が収まっているのです。

この大量の食器がキッチンを効率よく利用し、流れるような動線で調理するのを阻むわけです。もちろん、食器を選り分ける作業は辛いものかもしれませんが、食器を少なくすると日常生活がより快適に、より身軽なものになってきます。一人暮らしでも、大勢で住んでいる場合でも、客を招く家でも、そうでない家でもこれは同じこと。これを実践することで自分が望んでいた身軽な生き方が可能になってきます。

食器の取捨選択はどのように行えばいい？

これや世の煤に染まらぬ古合子《ふるごうし》　芭蕉　俳句

数時間で自分のライフスタイルを変えることは到底無理に決まっています。食器の取捨選択をするために食器棚の食器を衝動的にすべて出し、広いテーブルの上に並べる前に、幾つかの質問を自分にしてみましょう。

・今持っている食器は日々の食事メニューの傾向に合っている？
・今持っている食器は今の自分の食欲、年齢、需要にマッチしている？
・本当に自分の好みを反映している？

・使い易い？　洗い易い？　仕舞い易い？

ほとんど使っていない食器類はどうしたらいい？

思い出深い食器と銀製品（例えば前菜のおつまみ〔アミューズブーシュ〕を頂く時に使う小さな銀製のフォークなど）を少しだけ取っておいて、後は処分するというのがもっとも賢い方法でしょう。このような思い出の品等は数が少なければその分大切にするものです。

また使い古した食器でも毎日のように使用しているもの、角が欠けていてもヒビが入っていても何十年と使ってきた黒光りする急須などは、手に馴染み、ずっと愛着を持って使ってきた、自分の習慣を知っているものです。処分すべきではありません。

メガネのレンズは自分の視力に合っていなければ、全くの役立たず。食器にもそれと同じことが言えるのです。

同じ食器を使いがち

私の食事の取り方は非常にシンプル。私が自分で焼いた美しい陶器に盛り付けます。目の楽しみは魂を養ってくれます。このような直感的な生き方は自分自身とずっと繋がっていることを可能にしてくれます。ルールなんてありません。自分にとって心地よいと思うものを各々が感じること。私たちは皆同じではないので。

70代のファッションモデル　ヤスミーナ・ロッシ　インタビュー

私の知り合いの家では各自が自分の皿を持っていて、夫には大きい皿、本人は小さめの「ベビープレート」を自分専用の皿にしていると話してくれました。

あなたの食器戸棚の奥に、用途が明確に分からないため、全く使っていない皿や小鉢が仕舞われていることはありませんか？　たとえどんなに美しいモノでも、高価で署名入り、または陶芸家の友人がプレゼントしてくれたものでも、用途がはっきりしていない食器は、あなたの家に居場所を作るべきではありません。

私たちの手は自分の好みをよく知っています。説明はできませんが、この「手」はなぜか常に同じ食器に向かいます。恐らくその食器は便利で軽く、洗い易いものなのでしょう。でもそれだけではないはずです。きっと私たちの気を引く何かが必ずあるのです。

ボウル一つのリラックスした食事

SNS上では最近痩せると言われる「ワンプレート」しか見かけなくなりました。多くのトップモデルが栄養的にもバランスが取れ、それでいて美味しそうな「ワンプレートディッシュ」を誇らしげにブログに載せています。1食分が全部同じ皿に盛り付けられ、尚且つ美味しそうで、片付けも簡単とくれば文句なしです。

このような食事形式は大昔からありました。それは私たちの先人たちが使っていたボウル（どんぶり）の使い方に似ています。オーベルニュ地方の先祖たちのボウル一杯のスープとパンといった夕食、中国人が家の前の小さなベンチに腰掛けて食べるような麺のどんぶりというように。

私はこのようにボウルを両手に持って食べる形式のリラックスした食事が大好きです。ソファーに腰掛けて、または夏はテラスに出て、食事を味わうことができます。興味深いのは、どの時代においてもボウル一つで食べる食事が、神秘主義者やスピリチュアル指導者たちが自ら選んだ清貧生活の象徴であったということです。

ワイングラスやカップは場所を取る

> 苔寺の椿の花、京都の山の紫色、青磁器の茶碗、つかのまの熱情のなかの澄んだ美の開花、これらすべてに、我々は憧れるのではないでしょうか？
>
> フランスの作家　ミュリエル・バルベリ『優雅なハリネズミ』河村真紀子訳　早川書房

グラスや茶碗は重ねることが難しいため、それだけで皿や大皿と同じくらいの場所を取ります。グラスに至っては、水を入れるためのものからワイングラス（ワインの種類別にグラスも違います）まで千差万別です。もしあなたが食器棚をすっきり整理したいとお考えでしたら、かなりの量の食器を処分することになってしまいます。

アペリティフ（食前酒）用のグラスは案外多目的に使えます。それに水を飲むためのガラスのコップ。これは重ねられるモノを選びましょう。家族や客の人数に合わせてコーヒーカップ、日本茶や中国茶がお好きでしたらそれ専用の茶碗、茶托も人数分揃えましょう。それに家族各々のマグカップが必要になるでしょう。

急須は注ぎ口から液漏れしない、容量５００ミリリットルくらいの大きすぎず小さすぎないものを選びましょう（茶のお代わり用の湯は同じく５００ミリリットルくらいの魔法瓶に入れておくと便利です。お茶を濃いめに淹れて魔法瓶の湯で薄めて飲むと大変便利です。この濃いお茶を湯で薄めて飲む飲み方はロシアやポーランド等の東欧の習慣だそうです。もちろん、魔法瓶に直接ティーバッグを入れてお茶を作ることもできます）。

食器は「使い易い、扱い易い、仕舞い易い」を基準に選ぶ

厳選した形状とサイズ

最初に気を付けたいのが変わった形をした食器です。ほとんどの場合、歪《いびつ》な形をした食器は食器棚の奥に残されます。スープを入れるためだけに用いられていた昔ながらのスープ皿は今日ではほとんど廃れてしまいました。ボウルまたはどんぶりのほうが使い易く、より多目的です。ボウルまたはカップと併用できるどんぶりを選ぶ時は、数個重ねられるように柄の付いていないものにしましょう。

また、高台の高さが低いモノ（高台のないものなら尚更良い）は洗ってもすぐに乾きますし、複数重ねることが可能になります。

急須がお好きでしたら、注ぎ口から液漏れしないものを丁寧に選びましょう。見極め

方は、注ぎ口が真っ直ぐに切断されたものではなく、緩く湾曲しているもの。また湯を入れる開口部も出涸らし茶葉が取り出し易く、洗った後乾き易いように十分に広いものを選ぶようにしましょう。細かいことですが、このような些細なことが実は生活をし易くし、日常に喜びをもたらしてくれるのです。

優先すべき素材、避けるべき素材

高級な食器はできるだけ避けましょう。作りが脆いため、壊してしまうのでは？と余計な心配をし、つい使うのをためらってしまうからです。また民芸調の陶器、木、竹等で作られた食器のほとんどは、キッチンに魅力的なひなびた感じを醸し出してくれますが、小さいものならともかく、形が歪であることが多いため洗って仕舞うのが一苦労です。陶器の場合は重いという難点もあります。

では、どのような食器が日常の生活に必要になるのでしょうか？

大量生産されているコレールタイプの食器は軽く、使い易く、複数重ねられ、洗い易いので大変便利です。でもなぜかコレールの皿に盛り付けられた料理はあまり食欲をそそりません。手作り料理はやはりより味わい深い食器に盛り付けましょう。

それとファイアンス陶器とポースレン磁器。ファイアンス陶器はポースレン磁器より多孔質のためより脆く、多孔質であるが故に傷も付き易く、黒ずみ易いものです。

もっとも気楽に、気持ち良く使えるのはポースレン磁器でしょう。ポースレン磁器は水を弾き、熱にも衝撃にも強いからです。骨董マーケットを覗いてみると、美しい骨董のポースレン磁器を見かけることがあります。色が白で飾りのない食器であればさらに良いでしょう。どのような料理にもマッチするからです。

最後に、究極の完璧さを求めるのであれば、それは漆器。最近よく見かける濃縮乾燥漆を吹き付けて作られる漆器ではなく、本物の漆塗りの食器です。これは熱にも衝撃にも大変強いと同時にもっとも高価な材質であると言えます。本漆塗りの器は日本では最低２万６０００円はします。その代わりこの器は一生もの、いえ、それ以上持ちます（二、三十年ごとに漆の塗替えがお勧め）。

食器は少なく、良いものを賢く選ぶ

そのためには定型、同色または透明、中間的で多目的用途の食器を選ぶことです。

「トレンドもの」はすぐに飽きてしまうので避けましょう。

また、一人、二人、大勢での食事、あらゆる機会において使えるものを選びます。

サラダはガラスの器か、木製の器に盛り付けると美味しそうに見えます。

中型サイズの皿とボウルを必要な人数分揃えると、サラダ、スープ、完全な1食分を賄えるどんぶり料理（俗に「ブッダボウル」と呼ばれています）を作るのに重宝するでしょう。

調理器具から直接各自の取り皿に取るようにすれば、大皿は必ずしも必要ではないかもしれません。

特別なお祝いの時には、キャンドルを灯したり、テーブルに花を飾ったり、手作りした料理に合わせたＢＧＭ等を流したりしてお祭り気分を盛り上げてみるのも楽しいですね。モノを少なくすることで私たちは何か大切なものを取り上げられたような感覚を覚えるかもしれませんが、それは違います。それどころか生活により豊かな潤いが与えられるのです。

ジャンルを決めて、統一感を出す

ばらの花柄のこのファイアンス陶器のお皿が１００年以上も前のものとは驚きよね……。

何十年間も私たちが毎日使っている皿について語る母

ある人たちにとっては、食器は機能的でさえあれば良いのです。この考え方は当然理解できます。若い年代の人たちの中には、食器にほとんど関心がないという人も多く見られます。彼らはパスタやタブーレといった料理を無機質な大皿に盛り付けて一晩飲み明かすのです。

その一方で食器にこだわり、テーブルセッティングに細心の注意を払う人たちもいます。そういう人たちは料理を盛り付ける食器を選ぶことで、いかに料理を引き立たせ、洗練された形で美味しそうに見せるか苦心し、そうすることで招待客に敬意やもてなしの心を伝えようとするのです。

ところが問題は、骨董食器、親から子へと代々受け継がれた食器、ハワイ旅行から持ち帰った食器、中国茶セット、ロシアンティーのセット、モロッコのタジン鍋セット等、持っている食器の形が大小様々であることとその量の多さです。

このような人たちは、京都の茶室で楽焼の器で飲んだ抹茶の味が西洋の応接間で飲むものとは全く別のものになっていることを忘れています。

ある特定の料理や飲み物は、ある特定の条件下で味わってこそ本物の味を堪能できるのです。多種多様な食器をたくさん持っているからといって必ずしもスタイリッシュであるとは言えません。このように様々なスタイルを背負い込むことで、しまいには自分らしいスタイルを、食器棚の中でも、人生においても見失ってしまうのです。

自分らしいスタイルとは、自分の食事の取り方、取り組み中のダイエット、社交性、またよく使う食器のタイプなどを通して見えてくるものです。食器を整理する時も、今の自分のスタイルに合っているか否か？　これを基準にしてみると、今後、ありとあらゆるジャンルの食器を買ったり、溜め込んだりしなくなるでしょう。

夢をかなえるためではなく、日常生活のために食器を揃える

あなたは日頃どのような食事をしていますか？　アペリティフのみの略式ディナーや

ブランチ、あるいはもっと凝ったディナーで客をもてなすことがありますか？

今現在のあなたの食生活に合わせて食器選びをするべきです。それはあなたらしい食器、その食器に盛り付けられた手料理が、どんなに簡単なものであっても、引き立つような、そんな食器です。

地味で保守的な私の友人の一人は、彼女好みのグレイと淡いブルーの抑えめな模様の付いたファイアンス陶器を数を限定して揃えています。１９５０年代に結婚したもう一人の友人はその頃買った食器しか持っていません。食器は彼女たちにとっては友達同然で、同じものを毎日使い、他に買い求める気も起こらないと言います。

自分が望んでいる生活スタイルを視覚化してみると良いと思います。何が欲しいのか？　ではなく、今後どのような生活を送っていきたいのか？　自分がよく作る得意料理を思い浮かべてみても良いかもしれません。どのようなものが今の自分にとって一番大切か？　にスポットを当ててみるのです。

もちろん、パートナーがいる場合は、その人の好みも考慮しましょう。パートナーにどのような食器が好みなのか尋ねてみましょう。案外これが要らない食器（処分対象となる食器）が判明する良い機会になるかもしれません。

最後に、「ゆくゆくは子供たちに譲るつもり」で食器を取っておくのは止めましょう。食器よりも彼らには選ぶ「自由」を残してあげましょう。子供たちにあなたが今使っていない食器（どうしても感情的に捨てられない食器）を取っておくのも止めましょう。

あなた好みであなたに似合う食器はどのタイプ？

・シンプルでナチュラル？
・スカンジナビアン・レトロ、ヒュッゲ調？
・ブルジョワ風（繊細、希少価値のあるもの）？
・優しく、控えめ？
・大量生産されたもの（便利、軽量、電子レンジ可、食洗機可）？
・民芸調？
・エスニック？
・アンティーク？
・ニューエージ（ロタン製のもの）？

・ミニマリスト風（白くて四角い皿など）？

食器のタイプや数量をもはや検討の対象にしないという人も中にはいます。すでに自分のスタイルを確立している人たちです。

私が知っている人の中でも三つのタイプが見られます。

一人目がジャン・ミッシェルとファブリスのカップル。二人目が日本では有名な料理研究家の有元葉子さん、三人目が私の昔からの友人で今年87歳を迎える千代さん、今でも彼女は毎日豆皿を使い続けています。

生活スタイルは三者三様でそれぞれ違うのですが、どれもが自分の好みに正直で、明確、そしてそれぞれが試行錯誤の末にたどり着いたスタイルです。

ジャン・ミッシェルとファブリスの食器

骨董品蒐集から始めて最終的にミニマリズムに到達したと言うジャン・ミッシェルとファブリスは、彼らの生活スタイルを根本から変えてしまいました。引っ越しをし、家具やインテリアをすっかり処分したものの、彼らが日々愛用するスカンジナビアの美しい食器セットだけは残しました。

18世紀の白とブルー模様の見事な骨董の大皿4枚、それ以外にもティーカップとティーポット、ワイングラス、ガラスコップ、ウイスキーグラス、白い角小皿、それぞれが4人分ずつ揃っています。この他に大きなサラダボウルとパンカゴがあります。ジャン・ミッシェルとファブリスは食事マナーにうるさく、料理の質にも非常に重きを置いています。

食事をするのが二人だけの場合でも友人を招いた時でも（客の人数は二人まで。それ以上の場合は家にケータリング業者を派遣してもらうそうです）、いつもこの食器を使います。儀式のような食事と最小限の食器。この生活パターンは私の目には修道院生活のように映る一方で、快楽主義の極致にも見えるのです。ジャン・ミッシェルたちの生活スタイルには、厳格さと豊かさ、簡素さと見た目の美しさがあり、栄養学的にもよく考えられ、何よりも美味しい。そういう意味からも、究極のミニマリストスタイルと言えるでしょう。

有元葉子さんの食器

私は白い器が好きです。例えば黒田泰蔵さんや、イタリアのクリスチャン・ペロションさんの器など、白の中にも表情があり、有機的なかたちの器を選ぶと、料理に温もりと趣をプラスしてくれるようです。

有元葉子『有元葉子のシンプル和食』講談社インターナショナル

有元葉子さんは和食では「見た目」も味と同様に大切だと説明しています。それ故に料理を引き立てるべく、相応しい食器の形、材質、色を見つけるために創意を働かせなくてはならないのです。和食では煮汁と共に器に盛る料理が多いため、鉢ものをよく使うようですが、その材質の種類は、陶器から漆器に至り、また季節ごとにも変わるため、幅広い選択肢があります。

有元葉子さんは、ご飯茶碗と味噌汁椀は人数分、その他の料理は大皿に盛り、各自が好みの量を個別の小さめの平皿に取り分ける方法を採っています。有元葉子さんのテーブルセッティングは白と黒を基調にし、白のポースレン磁器の肌合いが温もりと手作り感を醸し出します。この簡素さに幾つかの食器、例えば青と白のポースレン磁器、彫を施した木またはガラスの食器を添えて豊かさを演出しています。

大量生産されるものより多少値は高めでも、良心的な価格帯の器を見つけることはできます、とのこと。

また、原則として人工的な色合いの食器を避け、多少歪でも特別な触感があるものを選ぶべきで、食器の高さが違うものをテーブルに配置すると、エネルギーと動きが生まれるとも語っています。

千代さんとおままごとのような食器

小事に骨を折ることは、時間と共に大事に到達することだ。

ベケット

低いテーブルに、料理が盛り付けられた小さな器を賑やかに並べて出してくれるのが千代さん流。小さな豆皿にオリーブオイル、もう一つの豆皿には胡麻塩、それにプチトマトや3枚ほどの輪切りキュウリをつけて食べるのです。小さなアペリティフグラスには赤ワインで割った梅酒が入っています。千代さん曰く、美味しい食事とはモノの選び方だけではなく、そのモノの使い方にあるとのこと。それはモノを「生かす」使い方、センスと独創性を目一杯働かせて、料理を入れる器とその中身を上手く組み合わせることなのです。また愛情を込めて、美味しくて可愛らしい料理を作ってみたいと思うこと。そして、その料理を、お酒を少々味わいながら、ゆっくり時間をかけて食べるのです。このタイプの食事にはもちろん「全体像」を気にする必要はありません。

例えばパンを入れる皿、ソースを入れる豆皿というように、サイズと深さが料理に合っている器が揃っていればよいのです。スウェーデンの「ラゴム」スタイルに似ているかもしれません。この場合、あまり高価でもなく、安物でもない手頃な食器になります。日本の一般的な豆皿は直径4〜10センチのものが多く、毎日使うのであれば、半ダース（日本では5個セット）ずつ揃えれば十分でしょう。

・直径8センチの丸皿をオードブル（ハム・ソーセージといった食肉加工品やスモークサーモン）用に。

・直径10センチの濃い色の小鉢（野菜またはピューレ用に。素材は例えば漆または陶土器のもの）。
・直径10センチのガラス製のボウル（サラダ、ヨーグルト用に）。
・直径12センチほどの民芸風の陶器の縁あり（3～4センチ）の皿（カレーや煮物など、ソースがこぼれないように縁があるもの）。
・直径10センチのご飯茶碗、またはスープ用の椀。
・大どんぶり（1食分のご飯、麺等を盛る）。
・直径4～5センチの取り皿、平皿または深皿。ソースを入れたり、漬物を載せたり、つまみを入れたりする。

もし、これが自分に合っているスタイルだと感じたら、次の外出時、または旅行の際に骨董市を覗いてみましょう。小さいサイズのポーセレン磁器やままごとの食器、タパス料理の小皿、メキシコ料理の小鉢など形やサイズはまちまちでも、意外と人間工学的な作りで出し入れが簡単なものが多いものです。このような食器が、もしかするとあなたに「家で料理を作ってみたい気分」にさせてくれるかもしれません。それが至って簡単な即席料理であっても。

食器の処分を考えているのであれば

我々は遭難した時でも決して失わないものしか所持していないのです。

ペルシアのイスラーム神学者・神秘主義者　ガザーリー（12世紀）

完璧な食器棚にするために、何を取っておいて、何を処分したらよいのか、または購入したらよいのかが分からない場合は、まずは自分がいつも作る、または作ってみたい料理をリストアップしてみます。

ピザが好きですか？　それでしたら、大きな木製皿が必要になるでしょう。ラーメンやどんぶり系の食事がお好きでしたら、大きなどんぶりが必要になります。また、食事の仕方についても考えてみましょう。きちんと食卓について食べる人、ソファーで膝の上に載せて食べる人、またはコーヒーテーブルに載せて食べる人、食べ方も人によってまちまちです。

ここで思い出してください、「少なく」は「美しい」よりも大事、ということを。処分に困る場合は、施設に寄付する、お洒落なセットにして友人に譲る、または食器の購入を考えている若者に勧めてみるなど、してみてはいかがでしょう。

食器の数は少量、
でも足りないものは何もないマキさんマジック

私の友人マキさんは、彼女の狭いアパートメントに私たち総勢5人を食事に招待してくれました。キッチンのワークスペースは幅2メートル、完璧に整えられ、装飾は一切なし。でも食器は一体どこに仕舞ってあるのでしょう？　彼女は背の低い、昔の古い旅行鞄よりも小さい食器棚を指差しました。そこにすべてが収められていたのです。

私たちが到着した時にはすでにテーブルセッティングは終わっていました。濃いグリーンのテーブルクロスの上に大小様々の皿や器が並んでいます。ベージュ、グリーン、茶というように食器の色は同じトーンに揃えられています。晩冬の午後にピッタリの色使いです。

メインの料理は鍋。テーブルの中央にコンロが置かれています（このコンロは客を招待する時のみ出動し、普段は棚の上に仕舞われています）。

鍋を囲むように、中くらいの皿に豚の生姜焼き、胡麻和え野菜、塩味の天ぷらが盛り付けられ、各自には深めの取り皿が置かれています。つまみが入った小皿もあります。

これらすべての食器が小さな食器棚に収まってしまうというのは驚きでした。その秘密はと言うと、食器すべてを80センチ×40センチ×60センチ以内の大きさに収めていること。

大切なことは、もしキッチンをシンプルにしたいと願うのであれば、すべてを何が何でも1か所にまとめて収納するということ。

私たちは多く持ちすぎているのです。足りなくなることを心配することがあるとしても、大抵の場合、足りないよりも多くを所有しているのです。

選別は人によってまちまち

フライパンや鍋は自分スタイル

> 現代の民主主義の時代では、人びとは、自分自身の感じかたに意識を向けないで、一般にいちばんいいと言われているものを、大声で褒め求めています。値段の高いものを欲しがり、洗練されたものは求めません。流行しているものを欲しがり、美しいものは要らないのです。
>
> 岡倉覺三『新訳　茶の本』木下長宏訳・解説　明石選書

もしずっと同じ鍋を使っていて、あなたの牛肉の煮込みがその古い煮込み鍋で作るほうが美味しくできるのであれば、その鍋を取っておくべきでしょう。幾つかの調理器具とは、長い間付き合っているうちにまるで年老いた夫婦のような関係になってきます。

この料理にはこの火加減というように、扱い方も手入れの仕方も慣れたもの。それがストレスになることもなく、使うごとに古色が付き、時と共にそれが優しくなっていきます。

昔の東洋の女性は、前日の冷えたご飯を年季の入った竹製の蒸籠で蒸し直すことを当たり前のことと思っていました。普段使いのモノに対する愛情はその市場価値よりも重要なのです。従って、前述の「ベーシックなキッチン道具」にある道具リストが普遍的な「ＭＵＳＴ」（揃えなければいけないもの）ではないことは明らかです。

ウチのやり方で大丈夫

使い慣れた台所道具もたくさんあった。

今は亡き祖母から譲り受けた明治時代のすり鉢、炊き立てのご飯を保存するのに使ってきたヒノキのお櫃《ひつ》、初めてのバイト代でやっと買ったル・クルーゼ社のホーロー鍋、京都の箸専門店で見つけた先の細い盛り付け箸、二十歳のお祝いにとオーガニックレストランの店長がプレゼントしてくれたイタリア製ペティナイフ、着け心地のよかった麻のエプロン、茄子の砂利漬けを作る時に欠かせない玉砂利、はるばる盛岡まで行って買い求めた南部鉄のフライパンだって。（中略）大きな家財道具は少なくても、台所道具だけは豊富だった。すべてが、私の料理の相棒だった。毎月アルバイトで稼いだお金から、多少値段が高くても長く使える物を揃えていたのだ。やっと手に馴染んできたところだったのに。

小川糸『食堂かたつむり』ポプラ文庫

私たちは祖母や母親から代々その家に伝わる味を受け継いでいますが、キッチンの道具に関しても先代から引き継いでいることが多いものです。

私のアメリカの友人の母親は黒光りする見事な鋳鉄製の一つ鍋を持っていて、ことごとくその鍋で料理し、その鍋をとても大切にしていたため、友人がその鍋を洗うことさえ許さなかったそうです。でも友人が独立し実家を出ることになった時、その母親は友人に真っ新《さら》な同じ鍋をプレゼントしてくれたとのこと。友人は40年経った今もその鍋を毎日使っていると話してくれました。

これはよく言われていることですが、私たちは母親が料理する後ろ姿を見ながら料理を覚えます。母親が毎日使っている鍋を見ながら育つと、当たり前のように自分のキッチンにも同じものが必要になることを私たちは知っています。

従って、ある人にとってはその人特有の習慣に特化した道具が必要になるということです。それはもしかすると日本でよく見かける土鍋かもしれませんし、モロッコのタジン鍋、または中国茶愛飲者にとっては中国のイーシング（Yixing）ティーポットかもしれません。

天然素材のモノは、心地よい

そこには詩情が満ち溢れ、素朴なモノが優雅な美を醸し出しつつも隅々まで簡素なのだ。ここではすべてが調和しシンプルで、平穏で生き生きとした沈黙の世界。

S・J・スーテル・グイッフ『茶道、四つの徳に至る道』（未邦訳）

なにも世間のトレンドに対して反動的である必要はありませんが、少し良識的な観点から見てみましょう。バターや油を塗った後に粉をはたいて使う昔のブリキのケーキ型、綿１００％のフキン、再生紙で作ったクラフト紙などは必要な時に本当に役に立ちます。鉄、鋳鉄、ステンレス、ガラス、綿などは安全でリサイクル可能な天然素材です。時を経ても頑丈で地球を汚染することもなく、私たちの健康を守り、昔のようなシンプルで健康的、快適な心地よい生活をもたらしてくれます。そして現代の多くの若者がこのような生活に憧れているのです。

このような素材は料理を美しく仕上げ、材質にも形にも一種の素朴さを感じさせます。この哲学が良く生きるためのバランス感覚を程よく調整してくれるのです。料理する時に天然素材にこだわることは、本当に必要なことに気付くことでもあり、それは自分にとって心地よいことをするということに繋がります。

木、竹、鉄、鋳鉄、ガラス、鋼鉄などの本物の素材は、山や海、畑や川からの私たちへの贈り物です。加工されていない食品、また、私たちの側で日々調理しながら次第に年季が入り、黒光りしていくフライパン等の調理器具も同じです。

仕事で大勢の人と会い、コンピューターの操作、騒音などに疲れ果てて家路につく時、「さて夕飯は何にしようか？」と考えることも、面倒臭いと思いがちな自炊も、この静かな仲間たちのお陰で、楽しみに変わるのではないでしょうか。この道具たちはあなたの生活をシンプルにするだけでなく、豊かにしてくれるのです。

迷いのあるモノはどうやって処分しますか？

買う時は便利そうに見えても、実際に使ってみると案外使いにくい、というモノもあります。キッチンの便利グッズ、電化製品、麻のテーブルクロス（確かに美しいのですが、しみ抜き、アイロンが欠かせないので結局使わなくなります）などが良い例でしょう。

使う頻度の低いもの（レモン搾り器、スパチュラなど）は段ボール箱を一つ用意し、そこに入れましょう。他にもキッチンの中で出番の少ないモノがあれば、迷わずにその箱に入れるようにします（目に付く所においてあるとまた迷いが生じてしまいます）。この段ボール箱をキッチンの外に２～３か月保管します。もしその間、その箱の蓋を開けることがなければ、中身をそっくり処分しましょう。

昔の日本人は、モノを大切に、人のように扱わなくてはいけないと言っていました。モノを愛し、尊重し、置き場所を与えるように、と。彼らにとって、簡素さ、利便性、機能性の美は、生き方の基準でした。シンプルであればあるほど美しいと見なされていたのです。

私の友人Aさんは、鍋はキッチンコンロの下の大きな引き出しに入るものだけにして、それ以上は買わないと断言しています。

とは言え、失敗は付き物です。誤って買ってしまったことで自己嫌悪に陥ることはありません。絶対に失敗しない人なんていないのですから。複雑すぎるコーヒーメーカー、重すぎるフードプロセッサー、使っていないキッチン道具は私たちの生活にとってプラスになることを何一つ与えてくれません。これらのモノは場所を取るだけでなく、光熱費の無駄にもなります。もし半年間に5回以上使用しない調理器具があるとしたら、それはあなたにとって本当に必要なものでしょうか？　あなたはそれを見るたびに後ろめたい気分になるのではありませんか？

思い出の品はむやみに処分しない

ロイヤル・ウースターの食器……念入りに磨かれたマホガニーの食卓にダー

クグリーンのテーブルクロスが敷かれ、白い皿を置く。そこに客のためにサマープディングを載せてもてなすにせよ、一人でマークス＆スペンサーのキッシュを載せて食べるにせよ、彼女はその食器を日々使用するうちに、そこにもっぱら彼女の個性を注いでいったのだ。そういうわけで、ポースレンの白磁食器セットは私の食堂の食器棚に収められることになった。果たしてこれを売ることが私にできただろうか？　そうすると彼女の魂の一部が失われることになる。つまり、この食器セットに私が愛着を抱き続けていた長い年月の間、彼女の一部が私の側で生きていたのだ。

スザンナ・ウォーカー『モノの生命』（未邦訳）

全部捨ててしまうのですか？　シンプルな生き方がもたらす徳はただ捨てることよりもずっと奥深いものです。その精神はモノに対する無関心の上に立つものであってはなりません。

処分するモノが多すぎても、またそのモノについて用心深すぎるのも駄目です。あるモノが特別なモノになるのは、それが想起させるイメージや思い出なのです。あなたの

郵　便　は　が　き

お手数ですが、
切手を
おはりください。

1 5 1 0 0 5 1

東京都渋谷区千駄ヶ谷 4-9-7

(株) 幻 冬 舎

書籍編集部宛

ご住所　〒

都・道
府・県

フリガナ
お名前

メール

インターネットでも回答を受け付けております
https://www.gentosha.co.jp/e/

裏面のご感想を広告等、書籍の PR に使わせていただく場合がございます。

幻冬舎より、著者に関する新しいお知らせ・小社および関連会社、広告主からのご案内を送付することがあります。不要の場合は右の欄にレ印をご記入ください。

不要 □

本書をお買い上げいただき、誠にありがとうございました。
質問にお答えいただけたら幸いです。

◎ご購入いただいた本のタイトルをご記入ください。

『　　　　　　　　　　　　　　　　　　　　　　　　　　　　』

★著者へのメッセージ、または本書のご感想をお書きください。

●本書をお求めになった動機は？

①著者が好きだから　②タイトルにひかれて　③テーマにひかれて
④カバーにひかれて　⑤帯のコピーにひかれて　⑥新聞で見て
⑦インターネットで知って　⑧売れてるから／話題だから
⑨役に立ちそうだから

生年月日	西暦　　年　　月　　日（　　歳）男・女			
ご職業	①学生	②教員・研究職	③公務員	④農林漁業
	⑤専門・技術職	⑥自由業	⑦自営業	⑧会社役員
	⑨会社員	⑩専業主夫・主婦	⑪パート・アルバイト	
	⑫無職	⑬その他（　　　　）		

ご記入いただきました個人情報については、許可なく他の目的で使用することはありません。ご協力ありがとうございました。

お気に入りの木製スプーンはどれだけ使い古しのものでも、あなたの母親が生前ずっと使っていたものではありませんか？

私の友人は、母親が時々パテ作りに使っていた「レバー刻み用木製ボウル」を気に入っていました。パテ作りをしない時はサラダボウルとして使っていたものだったそうですが、友人は、なかなか譲ってもらえないので仕方なく同じものをサラダボウル用に自分で購入したと言っていました。サラダボウルとして使うのに打って付けだからだそうです。

このように思い出を想起させるモノはむやみに処分するべきではありません。ただし、取っておくものは、嵩張らないものを少量にしましょう。そうしたほうが私たちと一緒により濃密に生き続けるでしょう。また、只々無性に好き、気持ちを和ませてくれるモノ、というのも処分しないほうがいいでしょう。

「シンプリシティ」の名目で
すべてを処分するのは止めましょう

母が亡くなった時、彼女の不幸は家の状態にははっきりと現れた。昔は純白で、人形の家のごとく整然としていたジョージア風のコテージは紙くずとゴミに埋もれて朽ちていったのだった。

スザンナ・ウォーカー『モノの生命』（未邦訳）

キッチン道具を見直すことが食生活全般の見直しに繋がるとしても、それが自分の過去、文化、各家庭に伝わる習慣をすべて否定することにはなりません。使い慣れたキッチンの道具たちを大切にし、愛着を感じることはこれらの道具を自分の人生の証人とすることなのです。

私たちはある意味、私たちが所有するモノで部分的に構成されています。時として、自分が所有するものと自分そのものを分ける境界線が、心情的にはっきりしない場合があります。私たちはモノを通して自分を表現し、モノはモノで所有者である私たちを表現します。これらのモノにはまるで私たちの記憶が詰め込まれているかのようです。

私たちが大掛かりなモノの整理をする時、一つ一つのモノにそれぞれの歴史が、個性が、存在感があることに、その材質やデザインが私たちの好み、購買力（今日では所有するモノにますます社会的な意味合いが含まれます）を物語っていることに気付くのです。

さらに私たちは、自分の人生を美化してくれるモノを求めているのです。アレックス・イーグルが言うには、このようなモノは、密かに私たちの健康にも寄与するものであるとのことです。

しかし過度にモノに執着しないように気を付けましょう。いずれにしても、その数を少なくすること。多くを所有することは苦しみを増すことに繋がり、少しのモノで満足できることが大きな富となることを思い出してください。

「オンリーワン」、その最大限の活用術

フライパンは幾つ持っているの？　と彼女に尋ねました。

・強化ガラス製のものを二つ。（野菜と麺を調理するため）一つ目は当日用、二つ目は翌日用
・餅を焼くための長方形のグリルパンが二つ
・オムレツを焼くためのティファールのフライパン一つ
・直径20センチの古いけれど重宝するフライパン一つ

・あまり使わない中華鍋一つ

「オンリーワン」、これはたった一つの道具で実際なにもかもやってのけるという考え方。このコンセプトが極端すぎてピンとこないかもしれませんが、同じ一つの道具が実は様々な用途に使えるのに、その潜在的な能力を普段から私たちが十分に引き出せていないということは認めないといけないでしょう。

「万能鍋」（Faitout）は、その名が示す通りに何でもこなす鍋。それではなぜその鍋で肉を焼いたり、パンをこねたり、水を張ってレタスを浸けたりできないのでしょう？

日本の伝統的なキッチン道具のスペシャリストであり、こうした伝統的な道具を使って作る料理を紹介している宮本しばにさんは、料理に使う道具は本当に限られていて、少しでいいと言っています。昔、人々は貧しかったのでキッチン道具も少なかった、ということです。でも少なかったが故に工夫を凝らして食事の支度をしていたのです。レシピに合わせて道具を選ぶのではなく、道具に合わせてレシピを決めていたのです。

今日、調理器具の有名ブランドは、鍋やフライパンを購入する客に必ずレシピ本を贈呈し、その調理器具で実現可能な料理を紹介しています（フライ、グリル、ソテー、煮込み料理、器具ごとそのままオーブンで焼けるなど）。

キッチン棚をありとあらゆるフライパンや鍋で一杯にしないためには、まずはすでに持っているもので間に合わせられないか考えましょう。そしてできる限り多機能なフライパンや鍋を選びましょう。

キッチン道具選別の決め手

有名な京都の老舗旅館俵屋の主人は、各客室を美しく装飾するためには二つの約束事があると言っています。一つはすでにその部屋にあるモノよりも目立つモノを置かないこと。もう一つは古いモノにこだわらずにその部屋にマッチするようであれば新しいモノでも用いてみること。

私たちがキッチン道具の選別をする時も、この原則を参考にしてみたらよいのではないでしょうか。

第二章

買い物、食品の保存方法

買い物せずに自炊はできません

毎週日曜日に市場で買い物をし、ヘルシーな食生活のために週に数時間料理を作る。これは至極当たり前なことだと私は思います。しかし女性の多くがこうした作業のために時間が割かれることに抵抗を感じているのです。フランス社会は健康的な生活より時間の節約に重きを置いているのです。

友人のエマニュエル

仮に1日2食として、私たちが一生の間に取る食事の回数はどれだけあるでしょうか？　例えば20歳から90歳までであれば、約5万回になります。5万回も私たちは何を食べようか？　と思案していることになります。

市場に買い物に出掛けることが楽しみだという人もいますが、それが厄介でフラストレーションが溜まる、一言で言えば「嫌な仕事」だという人もたくさんいます。何を買ったらいい？　次の食事は何にする？　「今日のご飯はなあに？」と叫ぶ子供（または夫）の問い掛けは主婦を辟易させます。「何を買う？」がすでに悩みの種であるのに、買い物を終えて家に戻ると今度は買ってきたモノを容器に移し替えて冷蔵庫に仕舞ったり、包装を解いて捨てたりしなくてはなりません。さらに冷蔵庫の中の食材の賞味期限を確認したり……。

電子レンジで温めればすぐに食べられる調理済みの冷凍食品で冷凍庫を一杯にする、またはデリバリーのピザを注文してしまうほうがよっぽど楽で簡単、と思いがちです。でも新鮮な食材の「上手」な買い物の仕方、そして日持ちする食品を少しばかり蓄えておくことは、それほど時間を食うものでも、不愉快なことでもないのです。すべてがタイミングと良識の問題で、何も毎日のように買い物に行かなくても「温かいおうちご飯」を用意することはできます。野菜や肉といった生もの以外の大きな買い物は2週間に1回（月に1回でも大丈夫です）、段取り良く行えばいいのです。野菜なども週に1回近くの八百屋に届けてもらうこともできます。

パントリーから締め出す食材

夕顔や秋はいろいろの瓢《ふくべ》哉　芭蕉　俳句

私たちが料理を作らなくなった理由はいろいろありますが、その中でも最大の理由は食料庫（パントリー）が空っぽ、またはその逆でぎゅうぎゅう詰めであることから来ています。

ぎゅうぎゅう詰めの場合は賞味期限切れの商品も紛れ込んでいるでしょう。それだけでも料理を作る意欲が失せます。そういう時につい手が出てしまうのが、何の準備も要らない調理済みの冷凍食品かインスタント食品。私たちはそれが身体にも精神にも良くないことは百も承知です。でも、つい怠惰な気分に流され、同時に自分の健康に対する関心も薄れていくのです。

また、冷凍された料理や加工食品が生の食材よりも安いと（誤って）信じていますが、このような調理済み食品が本当の意味で美味しいとは決して思っていないことも事実でしょう。

従って、家で料理を作る楽しみを再発見したいのであれば、まずはパントリーをチェックするところから始めましょう。そして加工食品、賞味期限が切れたものを処分し、その代わりに無添加の食材や鮮度の良い食材を少しだけ蓄えましょう。

処分するなんてもったいない、無駄遣いだ、と思いますか？　それは違います。ヘルシーで美味しい食べ物を楽しまないほうがずっともったいないことなのです。

食料の在庫を選別する

まずはパントリーの中にあるものを一度すべて取り出し、加工食品とそうでないものを選別します。子供用のビスケットから温めるだけの真空パックのミートソースまで、工場で大量生産された食品は金輪際口にしないと自分に言い聞かせながら、この選別作業を行っていきます。

手作りの料理と調理済み料理の明らかな違いは、食後の「満足感」にあるのです。

手作りした料理は案外残さずに食べ切ります。少し残った場合でも翌日には誰かの口に入るでしょう。ところがデリバリーされたピザは冷えるとまずくなり、残った場合、結局その日のうちにゴミ箱行きになることが多くありませんか？　手作り料理は満腹感を与えてくれます。調理済みのものはどんなに美味しいものでも食後に食べすぎた感覚、あるいは物足りない感覚が残るものです。

それでは何を取っておきますか？　まずは加工されていない生のもの（穀類、酢、食用油等）、じゃが芋、玉ねぎ、乾燥豆の類、それと缶詰などでしょうか。

まだ消費できる加工食品はすぐには捨てないでＮＰＯ等の団体に寄付すると喜ばれます。

そして「本物」の食材リストを作成して、市場に買い出しに出掛けましょう。

パントリーにあるもので作る「パントリー料理」

これはフランスでは「cuisine du placard（食料棚の料理）」と呼ばれ、各自の創意工夫を要する技の一つです。要するにこれは日々当たり前に作っている料理のことで、「幾つかのありあわせの食材で美味しい一品を作る」知恵のこと。

予定がぎっしりの1日だった、店はすでに閉まっている……。でもご心配なく。ベーシックな食材をストックしておくことで、ほとんど空っぽの冷蔵庫を前にして呆然とすることもなく、家に必ずある食材があなたを安心させてくれます。私が皆さんにお勧めする食材や食事のアイデアはこの後に記しますが、ほとんどがフランスの食材を使っています。しかし、どの国にもその国独自のメニューがあるはずです。あなたが自分で考案したアイデアをリスト化し、メモしておくと良いと思います。

二通りの買い物の仕方

「賢い」買い物の仕方は「多すぎず少なすぎず」です。

常に新鮮で美味しい料理を作るために「必要なだけ」買いましょう。生活をシンプルにするためには、買い物を２回に分けてすることです。１回目は長期保存の利く必須食材で、これは必ず使うものばかりなので予めリストを作っておきます。２回目は生鮮食品。こちらは季節やその時の食欲や気分に合わせて選びましょう。

長期保存食品のストック

長期保存食品のストックの量は多くなくていいのです。条件は定期的に見直し、買い足すこと。辺鄙な田舎暮らしでもしていない限り、６か月分のパスタやティーバッグは必要ありません。パントリー内の場所を取るだけです。

ストックが多いと料理を作る際に混乱します。またこの「多すぎるストック」は冷蔵庫の奥、棚の奥に隠れ、忘れられていく運命にあるのです。いくら長期保存食品でも数か月後には味も劣化するでしょうし、時にはあなたも違うブランドの商品に変えてみたくなるかもしれません。本当に4キロのパスタが今後必要になりますか？

あなたが好んで定期的に消費する食品のリストを作ってみると良いでしょう。それは今後何年間もあなたの役に立つことでしょう。

ベーシックな食品

小麦粉、調理油、塩

ビル・ポーター『天国への道』タイラオシャンの隠者について

毎日料理を作る人たちは多かれ少なかれいつも同じ種類の食品（ある研究によれば30種類）を購入しています。料理をほとんどしない、またはしても少しだけという人たちにとっては、何がベーシックな食品かが分からないかもしれません。

家に常に何かしら食べる物があるようにしておくためには、あなたが何が好きで、どのような料理を作ってみたいのかを知ることが大事です。それはヴェトナム料理でしょうか？　イタリアン？　ケトン食？　それともヴィーガン料理？　これを基にしてあなたのベーシック食品をリストアップするのです（豆類、薬味、缶詰、乾物、スパイス等）。同じ食材でもレシピを変えることで無駄なく、それでいて飽きることなく食べられます。

ただ注意したいのが、今日はイタリアン、明日は日本食、その翌日はインド料理、と変化させると、融通の利かない食材が増え、ストックの種類も量も増えてしまい、料理が複雑化します。日頃から食べ慣れているレシピに限定しましょう。そしてエスニックな料理は時々レストランに食べに出掛けて味わうようにするのです。

生鮮食品も2タイプ

料理は人生を学ぶ場所。そこでは安く美味しく食べることができる。

ナタリー・ジョルジュ『屋根裏部屋の料理』

生鮮食品には二つタイプがあります。保存期間の短いものと約1週間は日持ちするものです。従って、時間のない人でも週に1回の買い物で十分間に合うのです。保存期間の短いものの場合は季節や気候によります。魚の場合は新鮮であればあるほど美味しくなります。肉の場合は数日間置いても大丈夫です。肉や魚といったたんぱく質、野菜、フルーツでも、保存の利かないものから食べるように心がけましょう。

次に保存期間が比較的長めのもの、例えばスモークされたソーセージ、ハム、チーズ、幾つかの種類の野菜、発酵食品などがあります。もちろん適切な保存方法を採ることで鮮度は長めに保たれますが、一般的に一人または二人暮らしの場合、野菜は大量に購入するのは避けましょう。大きなレタスは二人でも多すぎます。小玉レタスやベビーリーフを買いましょう。キャベツやカボチャも同様。小さいサイズまたは半分に切ってあるものを購入しましょう。

融通の利く食材を選ぶ

パリ風スープは、湯、塩、アルデンテのヴェルミセリ、よくかき混ぜた卵白、

そしてボウルには卵黄を入れて作ります。

ナタリー・ジョルジュ『屋根裏部屋の料理』

ナタリー・ジョルジュは彼女の著作『屋根裏部屋の料理』の中で、財政的な理由からブルジョワ生活から屋根裏部屋に暮らすようになった経緯、なぜ近所の人や友人たちに最高に美味しい「本物」の料理を作り、振舞うようになったのかを語っています。ここでも自らを養うためには、新鮮な食材がほんの少しと乾物または缶詰のストックがあれば十分、と強調しています。

その良い証拠に、卵1個とヴェルミセリさえあれば、彼女の「パリ風スープ」を作るためにわざわざ買い物に行かなくてもいいと彼女は言います。卵は6か月持つと言われています。ヴェルミセリに至っては何年も保存可能です。また、細かく刻んだキャベツの葉1枚とツナ缶1個、酢を少々、マスタードとゆで卵があれば、最高に美味しいサラダが数分で完成します。蒸したブロッコリーとサーディンの缶詰、パスタ1束があればもう1品出来上がります。

融通の利く食材とはほとんど世界中のどの料理でも用いられている食材です。飽きることなく、毎日でも料理に使える食材。そして大抵あなた好みのスパイスや薬味とも合うものです。
以下にこのような食材を幾つか挙げてみます。

・デンプン類、またはデンプンを含む食品（乾燥豆、パスタ、ガレット、ナン、パン、じゃが芋、米）。ボリュームを出し、腹持ちを良くする。
・オリーブオイルまたはバター（料理に脂肪分を加える）
・玉ねぎ、ニンニク（香り付けに）
・缶詰のトマト、牛乳、生クリーム（スープ用に）
・アンチョビ、トマトペースト、パルメザンチーズ、サワークリーム、アボカド（味を引き立たせる。サラダにも）
・ソーセージ数本、卵、ベーコン、ツナ缶（野菜の付け合わせに）
・フレッシュトマト、レモン、酢（料理に酸味をつけるため）
・あなた好みの料理に合うスパイス

もちろんこれらの食品を全部ストックしておく必要はありません。2、3種類もあれば十分でしょう。ケトン式ダイエットを実行中であれば、パスタや米等は必要ないでしょう。もしあなたがヴィーガンであれば、エンドウ豆やレンズ豆のような乾燥豆のストックが必要になるかもしれません。主食が米の場合は数キロの米の蓄えは常時必要となるでしょう。ストックの目的は少なくとも1か月間賄えるようにすることと、日曜日の晩に家に食べ物が何もないという状況を避けることです。

一人暮らしの買い物術

一人暮らしの人の多くが自炊しないのはもしかすると店で売っている食材の量が一人には多すぎるからかもしれません。結局余ってしまった食材を持て余し、始末に負えなくなるのです。その解決法は？　ばら売りのものを買うことです。そのほうが変化に富んだメニューを楽しめます。キヌア、黒米、キビ、杏、乾燥ツルコケモモ、小麦粉、オートミール……。肉、魚、乳製品に関しては、一番経済的なのは小売りで買うことでしょう。価格に関しては大きなパックで売られているもののほうが安いのは確かですが、結局使い切れずに一部はゴミ箱行きになり、倹約したはずなのに無駄にすることになります。

買い物は優先順位をつけて

ベーシックな食材が家にすでにあり、いつも同じ場所で買い物をしている場合、1週間分の買い物にはさほど時間はかかりませんし、店の中のどこに何があるかが分かっていますし、店員もよく知っている人です。肉屋、魚屋、シャルキュトリー（ソーセージ・ハム等の豚肉加工品を扱う店）、八百屋を回るのに20分もかからないでしょう。最初にメインディッシュとなる肉や魚を購入すれば、それに合う付け合わせの野菜を八百屋で見繕うことができます。そして最後に乳製品とパンを買います。

料理をする習慣が付けば、食材の選び方も自然な流れになってくるものです。よく知っている店員なら、その日のお薦め食材、それに適した調理法も教えてくれるでしょう。反対に巨大スーパーマーケットでは、通路を行き来しているうちに、買い物リストにない不要なものまで買ってしまうことが多々あります。

地産地消が理想です

工場と研究所で作られた加工食品が家庭料理に取って代わりました。標準化された半製品、すぐに食べられる製品は徐々に地元産の製品を排除しつつあります。

社会学者　アラン・ルメノレル

地元産の新鮮な食品を消費すること、これこそが唯一の政治的行為、今の消費社会が生む様々な弊害に対処するためのもっとも有効な手段なのです。仮に一番高価で高品質な地鶏一つ取ってみても、平均すればそれを家で食べるほうが、レストランで食べるよりも安上がりになるでしょう。私たちが自らの食生活の在り方を選んでいくことで、行き過ぎのレジャーや、人類の健康や幸福を食い物にする狂気じみた儲け主義に歯止めがかけられるのです。

テレワークやスロークッキングの普及が、もしかすると今まで料理しなかった人にとって料理を始める新たなきっかけとなるかもしれません。

食品の賢い保存方法

食品を正しく保存するメリット

定期的に家で料理をしたいと思っているのでしたら、食品の正しい保存方法を習得することは必要不可欠です。正しく保存し、どこに何が保存してあるのかを把握していることで無駄を省くことができるからです。さらに、食品が傷むのを防げるので、経済的です。そして何よりも、実用的に綺麗に保存することで、料理したい気持ちを後押しします。

保存方法により食品は四つに分けられます。

・長期保存できる乾物

・冷蔵庫に入れる必要のない生鮮食品
・冷蔵保存が必要な生鮮食品
・冷凍食品

長期保存できる乾物

雪の朝独り干鮭を噛み得タリ　芭蕉　俳句

いわゆる乾物を保存するために特別な場所、または知識は必要ありません。砂糖、粗塩、胡麻、小麦粉、ドライマッシュルーム、レーズン、ナッツ等を入れたガラスの容器を並べるには小さな戸棚、または壁に二段に設えた棚さえあれば十分です。調理用油と塩はキッチンのワークスペースに出しっぱなしでも大丈夫ですし、スパイスは小さなカゴに入れておきましょう。

私はこのような食材を入れるためにインスタントコーヒーの空き瓶をよく利用します。この瓶は四角く場所を取らず、蓋は密閉式です。キッチンが狭い場合は、容器に入れた調味料だけを置くようにして、残りは別の場所で保存しましょう。同じ容器に入れて並べるだけでリビングのちょっとした装飾にもなります。

パントリーに必ずストックしておく食品

常にパントリーに最低限の乾物をストックしておきましょう。パスタ、米、乾燥豆等。缶詰等も生鮮食品が季節柄手に入らない場合には安価で大変便利です。

・デンプン類（パスタ、米、セモリナ粉、粗挽きの硬質デュラム小麦粉、小麦粉等）
・乾燥豆（ひよこ豆、レンズ豆、小豆、黒豆、白インゲン等）
・肉・魚・野菜の缶詰や瓶詰（ツナ、鯖、サーディン、ホールトマト等）
・高級食料品の缶詰を一つか二つ（アーチチョークのマリネ、フォアグラ等の缶詰があると質素な料理を瞬時に豪華で洗練されたご馳走に変身させてくれます。突然の来客用に数個常備しておくと重宝します。これはプレゼントにするのにも持ってこいの食品です。もちろん自分にプレゼントしても構いません）

パントリーにあってもいい、プラスアルファ

ありあわせで作るパントリー料理は必ずしも必要に迫られて作るものでもないので、テーマ別にパントリーを区切ってみてもいいかもしれません。

オリエンタル料理にはひよこ豆、ドライフルーツ（レーズン、アプリコット、フルーン、デーツ）、オリーブの実、アーモンド、ラスエルハヌート、唐辛子、ハリッサ、ナツメグ、ハッカ、コリアンダーが欠かせません。地中海料理の場合は代表的な料理に焦点を当てて、タペナード、ペストソース、ドライトマト、ケッパー、松の実、オリーブオイル、オレガノ等を揃えます。アジア料理で避けて通れないのが、ココナツミルク、ココナツパウダー、胡麻、生姜、ワサビ、寿司米、米酢、醤油等です。最後にカリブ風な料理がお好みでしたら、米、小豆、シナモン、カレー粉、ウコン、ラム酒を常備しておきましょう。

他にも、最低限、小麦粉と砂糖、コンソメスープの素、マスタード、塩、コショウ、食用油、酢（数種類）、玉ねぎ、ニンニク、数種類のスパイスと香辛料を揃えておきましょう。これらは料理の強い味方になります。こうした食品は料理に幅を持たせ、味を

引き立ててくれるからです。

・調味料（塩、ケッパー、唐辛子、マスタード、ピクルス、西洋ワサビ等）
・スパイス（カルダモン、クミン、ウコン、チリペッパー、五香粉、コロンボカレー粉、ガラムマサラ、ナツメグ、パプリカ、ラスエルハヌート、クローブ、スターアニス〔八角〕、シナモン、生姜、カラウェー、コリアンダー等）
・アロマハーブ（サフラン、ディル、グリーンアニス、バジリコ、チャービル、チャイブ、シトロネラ、エストラゴン、ローリエ、オレガノ、パセリ、甘草、ハッカ、ワレモコウ、タイム、セージ、ローズマリー等）

冷蔵庫に入れなくても済む野菜

生ものだからといってすべて一緒にして同じ場所で保存する必要はないのです。冷蔵保存しなくてはいけないものとそうでないもの、明るい場所で保存したほうが良いものもあれば、冷暗所を必要とするものもあります。

じゃが芋、赤ビーツ、大根、人参、セロリ、玉ねぎなどは涼しく乾燥した日陰で保存します。戸棚の下段にカゴに入れて保存するとよいでしょう。エシャロット、ニンニク、レモンは小さな竹カゴのような容器に入れて吊るすと風通し良く長期保存できます。一つ気を付けたいのが、じゃが芋と玉ねぎを一緒に保存しないことです。両方の野菜が接触することで傷みが促進されるからです。傷み易いトマトや、メロン、カボチャ、フルーツ等は一般的に本来の風味を失わせる冷蔵保存を嫌います（カットされた状態でのみ冷蔵保存。カットすると中身を保護する皮がなくなるからです）。

従って、一般論としては野菜はカットする前に冷蔵保存しないで、食べる直前に切るようにすると良いと思います。セロリと人参スティックは早めにカットして冷蔵しておいたほうが便利と思いがちですが、早々とカットしてしまうと野菜の水分が失われます。時間がない時は、野菜の乾燥を防ぐために、カットした野菜を水で湿らせた布で包み、密封容器に入れて冷蔵庫で冷やしましょう。

冷蔵保存が必要な食材は意外に少ない

冷蔵庫で保存する必要のある食材は意外と少ないものです。食品店を覗いてみるとよく分かります。卵でさえも冷蔵されていません。

確かにスーパーマーケットの中は常に空気調節されています。特に真夏になると、家の中の気温は上がるかもしれません。それでも冷蔵庫に居場所を確保する食品は実は数点に限られているのです。乳製品、傷み易い野菜、肉、魚、前日のおかずの残り等。蓋付の強化ガラス製容器（パイレックス等）に入れて冷蔵庫に保存すると大変便利です。透明のガラス製なのでそのままテーブルに出すことも、一人用グラタン皿としてオーブンで焼くこともできます。ここでも様々な用途に使えるものを揃えましょう。フルーツジュースの空き瓶には水道水を入れて冷蔵庫のドアポケットで冷やしておくといいでしょう。前日のスープやミートソースの残りなども小さな強化ガラス製の容器に入れて保存すると、そのまま蒸し器で温め直すことができます。

レタス、ノヂシャ、タンポポなどの葉物野菜に関しては、水で洗い、水気を残したまま大きいフキンに包み、冷蔵庫の下の段に入れて保存します。人参、大根といった根菜をどうしても冷蔵庫で保存したいのであれば、葉の部分をカットしてから冷やしましょう。野菜の葉の部分が水を一番吸収するので、それをカットすることで野菜の乾燥を防ぐことができます。

私の琺瑯製の野菜ボックス

朝露によごれて涼し瓜の土　　芭蕉　俳句

冷蔵庫用の容器の中で私の一番のお気に入りは琺瑯の蓋付容器です。サイズは大中小といろいろありますが、それがロシア人形マトリョーシカのように重ねられるのです。細かいようですが、用途に合った容器があるだけでどれだけ生活がシンプルになるでしょう！　一番大きいサイズは靴収納ボックスと同じくらいですが、葉物野菜や傷み易い野菜（茄子、マッシュルーム、キュウリ、ホウレンソウ等）を信じられないほど長期間保存してくれます。これらの野菜の鮮度を保つために、私は容器に入れる前に水洗いし、まだ濡れている状態の野菜を薄いガーゼ布で包みます。その温室効果に似た作用により、野菜は完璧に保存されるのです。この容器には使いかけの野菜も入れます。使いかけの野菜にかけるラップを出すのがおっくうなので、多いけれど野菜を丸ごと使い切ってしまう、というような無駄を避けられます。このような琺瑯容器を私は用途別に揃えています。小さい容器には薬味やハーブを入れ、中くらいのには肉、スモークサーモンを保存します。琺瑯引きなので肉をマリネにしたり、そのままオーブンでグラタンを焼いたり、弁当箱代わりにしたりできます。

チーズの保存法

チーズの多くは「汗をかく」のを嫌います。とりわけ生チーズは呼吸する必要があり、さもないと水滴がにじみ出し、そこからカビが発生し、臭うようになります。従って、絶対にラップに包んで保存してはいけません。理想は最初からチーズを包んでいた蠟引きの包み紙をそのまま使うことですが、切り分けられ、ラップに包まれて販売されている場合は、クッキングシートで包み直して保存します。チーズ保存の適温は８～９℃です。

また、フォアグラ、たらこのような魚卵等は、野菜同様に薄いガーゼ布に包み密封容器に入れて保存できます。イチゴや黒イチゴ、フランボワーズ等の傷み易いフルーツは水分量が大変多いものです。すぐに傷んでしまうのはカビを発生しながら乾燥していくからです。従って最初から洗ってはいけません。洗うのは食べる直前にしましょう。しっかり蓋ができる広口瓶に入れて冷蔵保存しましょう。

少しだけ残ってしまった料理はどうしますか？

冷製鶏モモ肉の残り、肉詰めピーマンの残り、豆腐ステーキの残り等々。私の友人の一人は、冷蔵庫に「メルシー」（ありがとう）と命名した容器を用意し、そこにこのような残り物を入れておくそうです。そしてこの容器が空にならない限り、彼女は何も買わないし、作らないと決めています。

食べごろに熟成されたフルーツ、熟れるのを遅らせるには？

アボカドが食べごろになっていますが、今は食べたくない気分、という時もあります。そういう時は冷蔵庫に入れておきましょう。低温が熟成を遅らせます。数日間は食べる時期を遅らせることができるでしょう。反対に明日アボカドを使ってワカモレ（アボカドに青唐辛子を加えて作るメキシコ流サルサソースの一種）を作る予定にしているのにあなたのアボカドは岩のように硬い。そういう時には、常温でバナナと一緒にボウルに入れ、しばらく放置しましょう。24時間で完璧に食べごろになります。アボカド、リンゴ、マンゴ、そしてすべての柑橘類は収穫後にも熟成を続けます。従って熟成を止める場合は他のフルーツとの接触を避け、熟成を促進させるには一緒にします。

肉、魚用のプレート

蛤の生けるかひあれ年の暮

芭蕉　俳句

冷蔵庫の一番下の段にプレートか皿を置き、肉や魚を冷蔵するといいでしょう。万が一肉や魚の汁がこぼれても、他の食材に付着することがないからです。この方法で冷凍した肉や魚を一晩冷蔵庫で解凍するのも大変便利です。

硬すぎず柔らかすぎないバターの保存法

厚みのある木製のバターケースを一つ買い求めましょう。この容器に入れておくと冷蔵庫で保存するのは本当に暑い真夏の時期のみで済みます。木の厚みが丁度良い硬さにバターを保存してくれます。

冷凍食品はどうする？

冷凍庫は主に大家族にとって便利なものでしょう。大量に料理を作り、作り置きを冷凍保存すると時間とお金、光熱費の節約になります。それは食器洗い、コンロ周りの掃除、食材をストックし、洗って調理するという一連の作業も含めての節約という意味です。

　でも一人暮らしまたはカップルで、毎日料理したくない人たちにとっても便利なものです。一人暮らしの人の場合は、冷蔵庫に付いている小さな冷凍スペースがあれば十分です。できるだけ冷凍は避けたいもの。事実、新鮮な食材ほど美味しくはないからです。その上、冷凍するためには容器が必要です。また、解凍する時は、ラップをかけて待つ、最悪の場合電子レンジを使うことになるからです。そうであるならば、ブラッドソーセージのリンゴ煮、エンダイブと赤ビーツのサラダといった簡単なものを作ってしまったほうが手っ取り早いとは思いませんか。

　冷凍庫には、食材を切らして何もない時用に、

・パン
・ソーセージ、ベーコン等
・生姜（皮付きのまま冷凍しておくとそのまますりおろせます）
・濃縮トマトコンソメ（アイスキューブにして冷凍しておくと1キューブずつ取り出して使えるので便利です。同じ要領で、少量の水と一緒にアイスキューブにハーブやラ

イムを入れて凍らせておくと生のハーブの香りを再現できます）

・よく使う野菜のスライス（玉ねぎ、ニンニク、ピーマン等）
・レモンまたはライム（四等分に切って冷凍し、冷水を張ったボウルに浸けて解凍）
・パルメザンチーズ（塊のものを家ですりおろして冷凍しておくと数か月間持たせることが可能）
・アペリティフ用スナック（塩味のプリッツ等）、ナッツ類

等を入れておくと便利でしょう。

冷凍するためにピッタリの容器

潔癖症の人たちはガラス容器に保存するとべたつく食材には、シリコン製の袋が最適と言い張ります。しかし、シリコン製の袋は触感が良くないのと、綺麗に洗えないという難点があります。

この際、極端な主義主張は必要ありません。便利なジッパーで閉まるプラスティック

の袋を利用しましょう。同じサイズの袋で揃えて、内容と日付を明記し、「トランプのカード」のように並べて冷凍すると、冷凍庫を開けるたびに見た目にも快い印象を与えてくれます。

冷蔵庫はがらくたを押し込む物置ではない

フランス国民は一人当たり年に平均で20キロの食べ物を捨てています。それは一人が1年間に購入した食料の21％に当たり、そのうちの50％はフルーツと野菜です。もっと驚くべきことは、そのうちの30％が包装されたままの食品だということ。このようにして私たちは毎年まだ消費可能な食べ物を平均で１２０万トン捨てているのです。

インターネットウェブサイト「ミニマルジャーナル」のインタビュー

最近の冷蔵庫にはドアが５つも６つも付いています。それは大きな戸棚と同じで、その中に私たちは冷蔵する必要のないものまで、なんでもかんでも詰め込んでいます。しかし、私たちの胃袋同様に、そこになにもかも詰め込むべきではありません。特に添加物がふんだんに使われている食品などは。

それに私たちは食べ残しを冷蔵保存するためのタッパーウェアを一体何個持っているのでしょうか？

冷蔵庫は私たちの悪い食習慣、無駄遣い、暴飲暴食、料理しないで済まそうとする怠惰な気持ちなどをギュッと凝縮させたものかもしれません。冷蔵庫は電気代を食います。ある中国人シェフが言っていたことですが、私たちは自分の腸を空にするように、3日に一度は冷蔵庫を空にするべきだと。従って最近登場した大モンスター級の新型冷蔵庫を購入する必要はありません。冷蔵庫の中が賢く選ばれたもので構成されていれば、並サイズの冷蔵庫で十分。しかもそのほうが掃除も簡単、分別も楽です。

私見ですが、大型冷蔵庫をより小型なものと交換する利点は、小さい冷蔵庫にはたくさん入れられないため、何が入っているのかが一目で分かる点だと思います。そうすることで、食習慣というものが目に見えて変化していくのです。冷蔵庫のサイズダウンによってゴミが減り、生活がよりシンプルになり、自分の食事を作る楽しみが増していきます。それは一言で言えば人生が変わるということ。冷蔵庫を小さくすることで、思いつきで旅行に出掛けることも簡単にできます。それがどんなに長い旅になったとしても。

冷蔵庫なしの暮らしを選んだ人たち

> 私は自分に必要な分だけを少量買い、それをその日中に食べ切ります。これで食費の無駄をかなり減らすことができました。冷蔵庫に保存することに慣れきってしまったので、何を入れたのかにさえ注意しなくなります。忘れてしまい、そうやって無駄にするのです。
>
> インターネットウェブサイト「ミニマルジャーナル」のインタビュー

消費形態を考え直し、改める消費者が徐々に増えて来ています。

冷蔵庫を思い切って処分した、または冬場はコンセントを抜いて食料を外のテラスで保存しているという人たちに出会うことも珍しくはなくなりました。１９５０〜１９６０年代、まだ冷蔵庫がどこの家庭にも普及していなかった時代に、私たちはどのように暮らしていたのでしょうか？

当時の人々は食料を保存するコツを心得ていたし、冷蔵庫がないために飢え死にする人などいませんでした。進歩の概念は「常により良くしたい」（何を基準に良くするのでしょう？）という印象を与えますが、それは必ずしも幸福を約束するものではありません。よほど辺鄙な場所に住んでいない限り、毎日の食材に困ることはないのです。

冷蔵庫を処分した人たちは異口同音にそれ以来、捨てる食材が減少した、余分に料理することもなくなった、従って食事を余らせることがなくなったと言います。その人たちは室内の植木鉢でハーブを育て、綺麗なカゴにフルーツを盛り、食材を無駄にしないように気を配っています。そうすることで節約にも繋がるのです。

自炊費用と市販の調理済み食品の価格を比べてみると

高品質食品は大量生産されたものより高く付くと言われている

品質には値段はないも同然。加工されたチーズと春の授乳期に搾乳された牛乳で手作りされた「ホルスタイン」チーズは比べ物になりません。野菜やフルーツに関しても季節のモノを購入すれば、無農薬の最高に美味しい野菜やフルーツが比較的安く手に入るものです。

私たちの祖母は自分たちのことを「自然派（エコロ）」とは呼んでいませんでした。すでに彼女たちの生活そのものが環境に優しいものだったからです。無駄を出さないことは、二酸化炭素の排出量を減らすということよりも、道徳の問題でした。なんらかの理由があるから無駄を出さない、ではなく、「無駄を出すことは恥ずかしいこと」だったのです。

もっと倹約したいとお考えでしたら、次のことをお勧めします。

・肉の消費量に上限を設けましょう。例えば肉を食べる日は週に1、2回というように。または一番良いのは肉食を止めてしまう、またはほとんど食べないと決めること。ヴィーガンになりたければ、レシピはたくさんあります。たんぱく質不足を補うためには最高級のペコリーノチーズを自分にプレゼントしても良いかもしれません。このチーズの値段はステーキと同じくらいしますが、ステーキよりも洗練された味かもしれません。

・ソースは手作りにしましょう。店で買うソースは添加物が多いだけでなく、価格も高いものが多いからです。さらに賞味期限までに使い切れずに捨ててしまうことも多いはず。有名なシェフたちも、私たちの祖母も市販のソースを使うことは絶対になかったと思います。魚は黒コショウとレモン汁で味付けできます。他にもオリーブオイル、酢、マスタード、芝麻醬、ニンニク、エシャロット、フレッシュクリーム、粉パルメザンチーズを混ぜて作るソースの味は絶妙です。ガラス瓶に材料を入れて勢いよく振ります。またはハンドブレンダーでかき混ぜます。

使い易いハンドブレンダーを１本奮発して購入してみませんか？　ソース作りが楽になるばかりか、ソースやスパイスを手作りすることですぐに元が取れます。

それでも私が手作りしないと決めているソースが二つあります。マヨネーズとケチャップです。マヨネーズは作るのに時間がかかり、その割には保存が利きません。でも有機マヨネーズを１本常備しておくと様々な食材に混ぜるだけで味に変化が付けられます。牛乳に溶くと生野菜にかけるホワイトソースに、ケチャップに混ぜると茹でたエビにかけるオーロラソースに、たらこと混ぜれば蒸したじゃが芋にかける色鮮やかなソースに、潰した豆腐に混ぜると野菜スティックに付けるディップソースに早変わりします。フライパンでステーキやキャベツを焼く時にマヨネーズを使うと油の代わりになるだけでなく味付けも兼ねてくれます。また、マヨネーズにウコンまたはカレー粉小匙１杯とフレッシュクリームを混ぜて白身魚のフィレの下に敷くと料理の味を引き立てて、お洒落な一品になります。その味は保証付きです。

・自家製ヨーグルトを作りましょう。カスピ海ヨーグルトを1瓶購入したら、それを食べ終える前に大匙1杯分だけ残し、そこに冷たい牛乳を５００ミリリットル加えます。常温で24時間置いておくとヨーグルトが出来上がります。そのヨーグルトから再度大匙1杯のヨーグルトを残して次のヨーグルトを作る。このようにして私の友人は20年間自家製ヨーグルトを作り続けています。このヨーグルトの原料で、「マツォーニ」と呼ばれているアルメニアを起源とするヨーグルト菌は、伝統的には牛、山羊、雌羊、水牛の乳で作られます。この菌で作られたヨーグルトは滑らかで粘り気があり、プロバイオティクス（身体に良い善玉菌）が豊富に含まれています。

・フェタまたはコテージチーズも自家製にしましょう（サラダのトッピングに最適です）。作り方は、牛乳1リットルを火にかけ沸騰直前に火を消し、塩大匙1杯を入れ、その中に酢大匙1杯を加え、凝固した塊ができるまで混ぜ続けます。これを晒し布に流し込み水気を切ります。

・自家製スプラウトを作ってみましょう。ブロッコリースプラウト、カイワレ大根等、栄養価が高いだけでなく穫れたてを食べるのですから新鮮です。日々のサラダを彩ってくれます。

・硬くなったパンはスープに入れるクルトンに、またはハンドブレンダーで粉砕してパン粉にする、またはフレンチトーストにして食べ切りましょう。

・週に1回、パスタの日、ソテーの日、どんぶりご飯の日と決めて、残り物をアレンジして使い切りましょう（理想は毎食ごとに残りが出ないように食べ切ることですが……）。

「足るを知る」に立ち返る

・玉ねぎ2個
・オレンジ1個
・麦の胚芽1袋
・カレー粉少々
・米少々
・中国の乾燥わかめ少々

・醤油1瓶
・ホームメイドの黒パン少々
（これらが棚に並べられていた彼の食料だった）

ヤペテ・ライダー氏の簡素な修道生活
『ジャーニーズ・オブ・シンプリシティ』フィリップ・ハーデン

合成香料、着色料、保存料が含まれる食品や生産過程で殺虫剤や農薬が使われた食品を今後口にすることを毅然と拒否する姿勢を貫きたいと思います。ネットショッピングも、地元の商売を立ち行かなくさせるのでできるだけ避けましょう。地元生産者が売りにくる市場で彼らと対話する喜びを感じながら買い物をしましょう。そうすることで過剰梱包の問題も解決できます。地元の市場で売られているものを眺めていると、野菜やフルーツそれぞれに個性があることにも気付くことでしょう。曲がった野菜やしみがついているものもたまにはあるかもしれません。そうした野菜の気持ちを感じ取りたいもの。食べ物そのものがそれだけですでに素晴らしいのです。太陽の光、水、これを育てた生産者の手を思い浮かべ、決して忘れないようにしましょう。

スウェーデンのラゴム、昔の日本人が食べていた魚と1杯のご飯、地中海沿岸に住む100歳の老人たちが食べるフェタチーズを載せたトマトサラダ、こうした食事を称えましょう。

簡素な生活を旨とし、思慮深く生きた先人たちの人生哲学は「足るを知る」という格言に基づいていたのです。

第三章

レシピや手順よりも ちょっとした調理の技術と 即興の技

レシピなしで作る料理

遊び心と思いつきで作る料理

あなたは素晴らしい料理を作れるけれど、それは私には合わない。私には生来のノマド気質があって、ダンボール箱1個の荷物で小さなアパートメント暮らしだってできるのよ。私の夢？　フライパンと鍋。私のポトフ？　キャベツ2枚とソーセージとじゃが芋1個。料理をするのはあまり好きではないわ。美味しいパンと雌羊のチーズ、それと桃、私はこのような食事があれば十分満足。レシピがあったところでどうしたらいいの？　私はお腹が空いている時に素早くできる料理、その後も食器を洗ったり、洗った食器を片付けたりしないで済むことが何よりも最優先されるの。

独身女性

テレビ、インターネット、本等に氾濫する料理のレシピ、これが私たちを受け身にしているのです。このようなレシピを見続けていると、自分らしいアイデアや独創性、創造力が消えていきます。アイデアというものは案外冷蔵庫の中にあるものが少ないと浮かんでくるものなのです。

「冷蔵庫を開けるまでは何を料理したものか思いつかないが、中にセロリと卵、豆腐とトマトが入っているのを見つけると、それで作るものが閃く、そしてこのように即興で作った料理が一番好きだ」と言うのは作家の村上春樹。彼はこうも言っています。「これこそが完璧な食べ物、これは計画してやるものではない」と。

確かに食材が２、３あれば、簡単な料理は作れますし、それが案外美味しいのです。多くの人たちにとって料理する時間を確保することが難しい場合があります。予定が一杯で時間がない、レシピが難しい、レシピに記載されている食材がない等。でも難しく考えなくても、創造力が自分にはないと思っている人でも、料理を学ぶことはできるのです。

キッチンに何時間も閉じこもらなくても、自発的に、遊び心のある、環境に優しい、経済的で美味しい料理は作れます。普段の食事、毎日食べている食事は、テレビ番組で観る「情熱的な料理」とはまるっきり違います。本物の「料理」の代わりになるものがすぐに食べられる、市販の「調理済み料理」である必要もないのです。

少しだけでも毎日料理をする、これは、冬は温かい1品、夏はミックスサラダだけであっても、それは良く生きることを学ぶことになります。

そのためにレシピは要りません。要るのはちょっとした調理の技と、もちろん少しばかりの創造力。

伝統的な料理との妥協、「ちょい料理」

健康に良い、美味しくていかなる境遇の人々にも手に入る食べ物を作ることは、この世の中をより良くするものだと固く信じています。従って私の料理哲学は、たとえ食糧庫がほとんど空でも、基本的な材料と少しばかりのインスピレーションがあれば美味しい食事ができるということ。

料理人　マーク・マツモト

レシピなしですぐに食べられる料理、万歳！

まずは非常に簡単なもの、時間も、包丁さばきの技も必要としないものから始めてみましょう。フライパンで作る小ぶりな新じゃが芋のグリルとソースを効かせたレタスのサラダというようなもの。あなたが料理をするのが大嫌いというのであれば、料理が「上手」な人の真似をしようとするのは得策ではないでしょう。

反対に、あなたと同じように、料理嫌いで、プランを立てたり、先を読んだりするのが苦手という人からインスピレーションを得るのです。案外そういう人たちは、食べなくてはいけない必要に迫られ、最小限の手間暇で工夫を凝らした美味しい調理法を見つけているものです。また、どんなに料理をするのが好きな人でも、いつも偉大なシェフを演じるのは勘弁してほしい、たまには手抜きをしたいと思っているかもしれません。

あなたはフライパンを使って、薩摩芋でフライドポテトを作ってみようと思ったことがありますか？　クルミ大のバターとニンニクを入れて蒸し焼きにしたカリフラワーやアンチョビで味付けしたホウレンソウのフレッシュクリーム和え、まだ温かい蒸した長ねぎのドレッシング和えなどいかがでしょう？　これは皆「料理」とは呼べないものですが、美味しくて身体にも良いものです。

「誰も教えてくれなかった」という言い訳

私にとって最大の褒め言葉は、「食べるためにあなたの家に来たのではないのよ」、という言葉。

料理が大嫌いな友人

「誰も私に料理の仕方を教えてくれなかった」というのは言い訳にはなりません。作りたいと思えば誰にでも料理はできるのです。賢い人は柔軟な精神を兼ね備えていて、そういう人に限って多様な仕事をこなします。哲学を学びながら、または高級官僚のポストに就きながら、料理も上手。人生が知的な楽しみだけに集約されないことを知っているのです。

なにも一流の料理人にならなくても完璧に自分の食事を作ることはできます。結局、「料理できる」とは何を意味しているのでしょう？　牛肉の蒸し煮が作れることでもありますが、幾つかの食材（二つもあれば十分）を上手に組み合わせて、身体に良い味わい深い料理を素早く作ることでもあるのです。それは、常に冷蔵庫の中に新鮮なレタスの葉を数枚、ゆで卵とスモークサーモン、オイルサーディンまたは……フォアグラなどの缶詰を入れておくことなのです。

失敗を恐れない

私の夫は新しいレシピを試す時、完全にマスターするまでそれを毎日作るのよ（笑）。

友人のゆりさん

あなたは失敗や出来栄えを評価されるのは嫌ですか？　でも思い切ってチャレンジしてみるべきです。料理の裏には感情的な要素が隠されている場合が多いものです。料理を失敗したり、「不味い」と批判されたり、母親と同じようにできなかったりして意気消沈することがあったとしても、それは当たり前のこと。

まずは新鮮で質の良い食品のストックを基に、手をかけない簡単な料理を学びましょう。誰も調理師試験に合格することをあなたに求めているわけではありません。ベーシックで簡単な料理なら誰にでも作れます。

まずは、そのまま「生」で用いられる食材を組み合わせることを考えましょう。チーズやシャルキュトリー（ハム、ソーセージといった食肉加工品）のプレート、ミックスサラダ、シーフードプレート。失敗するかも？　というのは心理的なものです。不安な気持ちに打ち勝つためには、料理では「何よりも楽しむことが大切」と自分に言い聞かせ、レシピや料理のルールを忘れて自分の創造力を発揮させましょう。

茹でたインゲン豆にエシャロットを加えてみる、ズッキーニにパルメザンチーズをおろして散らしてみる、人参にコリアンダーを加えてエスニック風に味付けする、トマトにバジリコを、茄子にニンニクを加えてみる、等々。自ら考案した料理の芳しい香りを嗅ぐのは何という快感でしょう。最初の成功に満足するとまたその次も、といろいろ試してみたくなるものです。

既成レシピの9割は私たちのために作られてはいない

逆説的と思われるかもしれませんが、料理本やテレビ、インターネットで紹介されているレシピ、または友人から教わるレシピは自分に合っていないものが多いのです。まずは味付けです。これは、必ずしも私たち好みにはなっていません。そしてレシピの多くが一人暮らしの人用に「考慮」されていないのです。食材に関しても、すぐに手に入るものでないことがあります。調理器具にしても持っていないもの、好みではないものを使用している場合が多々あります。中には時間がかかりすぎるレシピもあり、料理するのがあまり好きではない場合、これらのレシピを見ることさえもうんざりするのです。

ガストロノミーと毎日の料理を混同しない

アートでは私はシンプルなものが好きです。料理においても同じです。

作曲家　エリック・サティ

多くの人がガストロノミーと毎日私たちが食べている食事を混同しています。この二つの分野はある意味矛盾しているかもしれません。「食べる」ことが、さほど費用もかけずに複雑でもなく、ほどほどに食べ物を取ることであるのに対し、美味しく食べること（贅沢に食べること）が、実際にそれが満足な食べ方でなくてもガストロノミーと定義されるのです。今日料理は、他の様々な分野同様に、メディアの影響を強く受けています。そこで紹介される料理は、材料も特別なもの、時間も、使用される道具も日々の料理のイメージとはかけ離れたものになっているのではないでしょうか。

でも実は費用もかけずにストレスもなく、完璧主義に陥ることなく、簡単に美味しく食べる方法はあるのです。「パントリーの中にあるもの」で作る料理、いわゆるありあわせの「パントリー料理」です。これに少しばかりのイマジネーションとひと手間を加えるだけで有名レストラン以上の料理が作れます。

友人が作ったモロッコのタジン料理、本物のパン種を使って焼いた美味しいパンプレート、フムス（豆のペースト）やアボカドで作るワカモレを野菜のスティックにつけてテレビ観賞しながらつまむ等、最高に美味しい時間です。

さあ、ガストロノミーにはノーを突きつけて、世間から過剰に影響されることを拒否しましょう。特に時間がない人、一人暮らしの人、または大家族を養わなくてはならない人に伝えたいと思います。私たちは複雑な料理を作る必要などなく、もっとシンプルな料理で食卓を楽しくすることができるのです。

ガストロノミー的創作料理、それがどんなに独創的で類を見ない料理でも家庭のシンプル料理に優るものではないことを正直に認めましょう。皆で囲む気取らない料理こそが上等なご馳走なのです。チーズが溢れ出ているグラタンや歪な形のリンゴを使ったできたてのアップルパイは、見るからに食欲をそそります。私たちは「料理に3時間もかかった」というような複雑な料理とは距離を置き、シャルキュトリーの盛り合わせと野菜スープで満足できるようにならなくてはなりません。

同じ料理を繰り返し食べることは恥でも何でもない

箸とるときはたとひとりや雪ふり来る　橋本多佳子　句集『紅絲』

食事のメニューに変化を付けたり、新しいレシピを試したりすることが常に義務のように感じるのは、社会的な圧力のせいかもしれません。流行りに影響されて、世間の「標準」に合わせる必要などないのです。料理では昔からの作り方を通しても良いし、次から次へと新しい食品や料理方法を追いかけなくてもいい、いつも同じレシピを繰り返していることでコンプレックスを抱くことはありません。

イギリスの古い家庭では、金曜はカレー、日曜はローストビーフ、クリスマスにはプディングというように、昔からのルールに則った食事作りが受け継がれています。このような生活を送っている人たちにとっては、このルーティンは単に安堵感をもたらすだけでなく、過ぎゆく時間に別な次元を与えてくれるもの。人生において大切な節目を刻んでくれるものなのです。

私たちの祖母が生きていた頃の食事内容はさほど難しく考えられてはいなかったようです。冬はスープ、夏はメロンと山羊のチーズを散らしたトマトサラダ、秋はキノコのソテー、春はタンポポやノヂシャのサラダやアスパラガス、新じゃが芋等……。皆庭で穫れた野菜やフルーツ、または市場で買ってくる季節の食べ物を食べていました。

他人がどう思うか？　を気にしないことです。そういう人たちには勝手に言わせておいて、あなたは自分が良いと思うやり方で物事を進めていけばよいのです。あなたのやり方が結局ストレスをなくし、ゆとりをもたらし、お財布にとっても優しいことをあなた自身が十分承知しているからです。あなたを幸せにしてくれるやり方で続けてください。

レシピなしで料理することを学習する

自炊をしない人の多くに共通することは、レシピが嫌い、ということ。特に材料を買いに出掛けなくてはいけないことと、買ってきた食材で実際にレシピ通りに作ってみることが苦手なようです。

スーパーマーケットで食材を求めて回るだけで45分はかかるでしょう。求めるべき食材が最初の店で見つからない時は別の店に行かないとなりません。そして家に戻ると、なんとその食材が家にあったことが判明したりするのです。イライラ、憤り、こうして普段料理をしない人にとってレシピは嫌悪感を抱くものとなっていくのです。

アングロサクソン系の国で料理に関するコミック本やヴィジュアル化された料理本が多く出版されているのも、詳細に記述されたレシピと向き合うと頭の中が真っ白になってしまうほど料理が苦手という人たちがいるからです。

その一方で、料理はするけれど、完璧で複雑な料理のレシピはもうたくさん、という人たちもいるでしょう。時間がかかりすぎる、量が多く、残った料理をどうしたらいいのかも分からない、というのも困りもの。それに加えて、レシピ通りに作る段階で生じるストレス、フラストレーション、それに出費したお金等を考慮すると、また繰り返し作ってみたいとは思わなくなるわけです。

でもレシピなしで料理を作ることは不可能ではありません。魔法のように思えますが、それほど難しいものではないのです。そのコツは？　幾つかのテクニックを習得するだけ、思考も方法論も必要ないのです。

二つ三つの材料で料理する

二つだけの材料で作る料理のアイデア

この方法の多くは昔からあるもので、それなりの理由があるのです。食材の一方がもう一方の食材の味を引き立てるようにできているのです。

たんぱく質は野菜と組み合わされます。こうした料理はシンプルで身体にも良く、そして誰もが好きな料理。祖父母が作ってくれた料理を思い起こしてみると、続々とこのような料理が出てきます。ブラッドソーセージのリンゴ煮、鴨のオレンジソースかけ、アンディーブとハムの煮込み、鶏肉のインゲン豆添え、またサラダ、蒸し焼き、スープ、ミニグラタン。オーブン料理には二つだけの材料（時には三つ）で完成する料理が山ほどあります。幾つかの例を以下に挙げてみます。

・モルトーソーセージとレンズ豆の煮込み（日本の場合はフランクフルトで代用）
・モリーユ茸（アミガサ茸ですが、キノコなら何でも代用可）のオムレツ
・ポークソテー芽キャベツ添え
・ハムとチーズ入りそば粉ガレット（中央に卵を落としても）
・ホウレンソウとアツアツの山羊チーズ載せトースト
・細切りハムとグリーンボールのオムレツ（卵と材料を混ぜてフライパンで丸く焼き、最後に真ん中から二つに折る）
・ブロッコリー（蒸し焼きにしておく）とベーコンのソテー
・仔牛のエスカロープ（薄切り肉）のマッシュルームクリームソースかけ（生クリームは肉汁と混ぜる。マッシュルームはフライパンで別に炒めて最後にソースに加える）
・ベーコンエッグのグリーンアスパラガス添え
・グリーンサラダの鮭フレーク載せ（鮭フレークを予めグリルし、グリーンサラダに振りかける）
・エスプレット唐辛子のラタトゥイユ、ライス添え
・ムール貝の白ワイン煮（小口切りエシャロットを散らす）とフレンチフライ

・ザワークラウト（キャベツ、ソーセージ、蒸じゃが芋）

蒸したじゃが芋1個でできること

じゃが芋は美味しく、ミネラルも豊富で飽きのこない野菜であるにも拘らず、信じられないかもしれませんが、この根菜の調理法を知らないという人は結構いるのです。じゃが芋だけを調理する方法は二つあります。まずは水から茹でる方法。必ず冷たい水から茹でます（そうしないと内側まで火が通りません）。または蒸し器で蒸す方法です。どちらの調理法でもじゃが芋の茹で加減を竹串を刺して確かめましょう。竹串を刺したじゃが芋がストンと落ちれば中まで火が通っている証拠です。皮を剝く時は火傷をしないように、冷水で濡らした清潔なフキンに茹でたじゃが芋を包み、フキンを滑らせて剝くようにします。

急いでいる時は、皮を剝きサイコロ状に切ったじゃが芋を水から茹でます。急いでマッシュポテトを作りたい時は、鍋に皮を剝いた茹でたじゃが芋を入れ、温めた牛乳とバターを少し加え、塩、コショウし、火にかけたままフォークで潰します。

蒸してそのままアツアツで

・フレッシュバターと粗塩をかける
・たらこマヨネーズと一緒に
・クリームチーズとアンチョビを載せて
・スモーク鰊（別の魚の燻製でも大丈夫です）とエシャロットを添えて
・蒸したアスパラガスにフレンチドレッシングをかけて、ソーセージと一緒に

蒸したじゃが芋を冷やして、輪切りまたはダイス状に刻んで

・赤ビーツと合わせてサラダに
・ゆで卵、玉ねぎとマヨネーズで和えてサラダに

蒸したじゃが芋を温め直して

・ニンニク少しと玉ねぎを加えてソテーに
・牛乳とクルミ大のバターを加え、潰してマッシュポテトに

このようにじゃが芋を使って作る料理は際限なくあるのです。

シンプルなデザートのアイデアを少し

・洋ナシの赤ワイン煮（赤ワインで煮てしばらく置いておく。ホイップクリームを添え、よく冷やす）
・マンゴヨーグルト（ドライマンゴを細かく刻みヨーグルトと混ぜて冷蔵庫で一晩置く。朝食にピッタリです）
・コーヒーゼリー（粉寒天を溶かしたものをコーヒーに混ぜて冷蔵庫で保存。ホイップクリームまたはココナツクリームをムース状に泡立てたものを添えて）
・プリン（牛乳１リットル、卵６個、砂糖２００グラムを蒸し器に入れ、とろ火で45分間蒸す）
・アップルクラフティ（クレープ生地〔厚地〕と一口大に切ったリンゴを混ぜてフライパンに載せ、蓋をして弱火で焼く）
・バナナのフランベ（フライパンでラム酒をかけて）

料理はメニューを決めるよりも組み合わせが肝心……

シンプル料理万歳！

私たちはシンプルな料理しか作りませんが、毎日料理しています。地元の農家から新鮮な野菜ボックスを毎週届けてもらっています。今はホワイトとグリーンアスパラガスが多いですね。それを蒸して自家製のソースをかけて、ハムをそのまま、またはグリルして添えるのです。

友人のジャン・ミッシェル

何も毎日ボローニャ風ラザーニャや高価なステーキなどの、祝日の料理を作ることはありません。私たちの祖母の時代には、主婦は台所に何時間も立つような料理はしていませんでしたが、いつも季節の料理が食卓に載っていました。誰かが釣ってきたイワシの塩焼きに茹でたじゃが芋をフォークで潰してマッシュポテトにしたものを添えたり、塩、コショウ、オリーブオイルをかけただけの茄子のオーブン焼きといったシンプルな料理を作っていたのです。

一人暮らしであろうが、カップルまたは家族持ちであろうが、仕事から疲れて帰宅した時に欲しいものはただ一つ、手の込んだものでなくても、美味しくてほっとさせてくれる料理ではないでしょうか？　冬はアツアツのグラタン、夏はよく冷えたサラダ、秋には香り高い洋ナシのタルトというようなもの。見栄えはしなくても美味しければ文句なしです。それは、電子レンジで温めて食べるような市販の惣菜や出前の料理よりも、ずっと美味しいはずなのです。

シンプル料理の基本は美味しく、手早く、適切に

料理をするたびに、本当に美味しいものの多くは、簡単な料理であることを発見します。特別な日のために作る手の込んだ複雑なレシピももちろんありますが、案外私たちは毎日代わり映えのしない料理を食べていることが多いのです。そして実はこのような食事が私たちの疲れを癒し、寛ぎをもたらしてくれるのです。

トリュフ、オマールエビ、キャビア等の贅沢な食材はもちろん美味しいものです。でもじゃが芋や玉ねぎのグリルでも、実は唸るほど美味しくできます。程よい焼き加減を知ること。これだけでもこのような何気ない普通の根菜が特別な味の料理に生まれ変わるのです。

料理におけるシンプリシティとは、一般的なシンプリシティと同じです。ストレスを避けて、自分のために心地よい時間を多く作ることです。

例えばフルーツはスムージーやコンポートにせずに、そのまま生で食べるというように、調理するプロセスを最小限に留めることでもあります（フルーツが傷み始めている場合は別。ちなみに野菜やフルーツは生で食べると含有ビタミンが約70％残るのに対し、ジュースまたはコンポートに加工すると含有ビタミンは20％まで下がるとのこと）。従って、すぐにできる生野菜のスティックをディップにつけて食べるほうが、ポテトチップス一杯の大きなボウルよりも健康に良いということになります。

ミニマムな食事の組み合わせ方法

5分間だけ蒸したカリフラワーにオリーブオイル、レモン、マスタードソースをかけたものと半熟卵2個、すべてが5分もあれば出来上がりです。私はあまり手の込んだ料理は好きではないのです。

70代のファッションモデル　ヤスミーナ・ロッシ　インタビュー

たんぱく質のものを一つ、野菜一つ、シリアル系を一つ、食事の組み合わせ方はそれほど複雑ではありません。

最低限の料理で家族や友人たちを満足いくまで食べさせていたスカンジナビアのお祖母さんたちは世界一賢い人たちでした。それは、茹でたじゃが芋、様々な種類のパン、ディップ、野菜スティック、酢漬けの魚を食卓の上に並べて各自が好きなように取って食べる食事。パンでタルティーヌを作ったり、茹でたじゃが芋にニンニクバターをつけて食べたりする食事です。

私の友人エマニュエルも同じようにします。違う食材を一緒に煮炊きすることはほとんどありません（人参グラッセやポトフの場合、野菜は別に茹でます。それにレタス、タンポポ、ノヂシャのサラダ等を添えます）。エマニュエルの料理はとてもシンプルですが、いつも「特別な日」の料理なのです。

常に家にストックがあるようにしておく

お前、玉ねぎくらいは常備しておくべきだ。

玉ねぎを切らした妻に夫が言った言葉

玉ねぎ、じゃが芋、ツナまたはオイルサーディンの缶詰、卵、キャベツ半玉、チーズ、冷凍庫にパンが少し……。こうした食品は長期間保存が利き、これで完璧な食事を作れます。マセドワーヌの缶詰（キューブ状にカットされたじゃが芋、人参等のサラダ）があればハムで巻いてハムロールができます。キャベツがあれば、ツナ缶を開けてツナサラダができます。オムレツには何を入れても良いでしょう。パスタも、カレーも、チャーハンも、サラダも、スープも同じです。試しにいろいろな食材を入れて作ってみましょう。

賢く残り物をリメイクする技

食べ物を無駄にせず残り物をリメイクしましょう。あなたのストックを素早くチェックし、少しばかり創造力を働かせれば、ローストポーク、羊のモモ肉ロースト、煮込み料理などを独創的で美味しい料理に復活させることができます。さあ、躊躇することはありません。残り物を使って、グラタン、タルト、肉団子やサラダを、パントリーにあるものと創造力を組み合わせて作ってみましょう。「パントリー料理」とは、少しの材料とイマジネーションを豊富に働かせて作る料理です。あなたは節約しながら、残り物を上手に活用することで見たこともないレシピを発案できるのです。

それにはスパイスをふんだんに使いましょう。カレー粉、クミン、シナモン、生姜、ナツメグ、パプリカ、バニラ等が強い味方となり、あなたが再度挑戦する料理に独創的な味付けを約束してくれるでしょう。アイデアが浮かばない？　そんなあなたのために以下に非常にシンプルで自己流にアレンジできる料理を挙げます。

・タルティーヌ（薄切りパン〔多少硬いパンでも大丈夫〕にチーズ、グリルした野菜、

または魚をトッピング。このままでも温めても良い）

・グラタン（野菜、デンプン質の野菜、肉または魚におろしチーズをかけてオーブンで焼く）

・アッシ（使いきれなかった肉にマッシュポテトまたは他の野菜のピューレを載せ、オーブンで焼く）

・オムレツ（卵だけで、またはチーズやキノコを入れて）

・アツアツのパスタ（野菜やハム、鶏肉の残りと一緒にソテーする）

・パスタ、ライスで作るサラダ（野菜、ハム、ゆで卵、魚のすり身等を加えて）

基本の調理技術

技術が生活を楽にする

地元農家のホロホロ鳥とオリーブオイル漬けニンニク、イギリス風ブロッコリーのヴァージンソースかけ。それにポムロル赤ワインをグラスに一杯。ホロホロ鳥は高たんぱく低脂肪、ミネラルが豊富な最高の肉です。その肉をフライパンに油を引かずに代わりにレモン風味のマスタード、ニンニク、ローリエを載せてきつね色になるまでグリルします。皮がカリカリに、中の肉はとろけるように焼けるので、食べる時は小さなスプーンで食べます。イギリス風ブロッコリーはステンレスの万能鍋に水少々と一緒に入れ、塩、コショウをして蓋をします。最初は強火、そしてすぐにとろ火にして20〜25分間煮込みます。煮込み汁はそのままスープとして飲みます。野菜は歯ごたえを残しながら柔らかく煮えます。ヴァージンソースは、レモン汁半個分と良質のオリーブオイル、塩、コショウ、ハーブそしてピンクペッパーを手の平の中でこすって料理に色を付けます（香辛料は腸活にもなります）。このソースをブロッコリーに回しかけるのです。この料理は脂肪分が少なくオリーブオイルが味わいを引き立てているのです。オリーブオイルと一緒に料理をしてはいけません。オイルは最後に回しかけるのです。グリルしている時は絶対に使ってはいけません。それは全く意味のないことなのです。焼き加減をパリパリにしたいのならば、オーブン皿に油を引いてはいけません。それは愚かな行為に他なりません。

友人のジャン・ミッシェル

技術を身につけることは、いろいろな意味で生活を楽にしてくれます。それはすでに習得している動作を考えずに、頭を悩ますことなく行うことを可能にしてくれます。じゃが芋を正しい焼き方で焼く、または米をきちんと炊く。これができるだけでも料理においてすでに多くのことが可能になるのです。パスタや卵の茹で時間、シリアルを茹でるための水の量など、冷蔵庫に煮炊きに関する技術を書き出して貼っておくと便利です。

些細な技術でもこれを知らないと料理することもすぐに飽きてしまい、調理済み料理というずっと手軽な、でもあまり嬉しくない解決手段に舞い戻ってしまいます。少しでも料理の技術を覚えれば反対に料理は楽しみになり、取り組み易くなるでしょう。料理の調理過程とその基本さえ理解できれば、レシピは必要なくなるのです。

イギリス風の調理法

イギリス風の調理法とは単に水で調理するだけのもの。キャベツ、ホウレンソウ、ブロッコリー、アスパラガス、サヤインゲン、カボチャ、芽キャベツ等をカットしてから冷水で洗います（洗ってから切るよりもこの順番のほうがよく洗えます）。そして塩を入れて沸騰させた熱湯にパラパラと入れて柔らかくなるまで茹でます（硬さは好みに合わせて）。野菜が茹で上がったら、すぐに冷水に取り、冷まします。またはアツアツの状態に酢を効かせたドレッシングをかける食べ方もあります。私はアスパラガスをこの方法で茹で、ポーチドエッグを添えるのが好きです（ポーチドエッグは塩と酢を加えて沸騰させた湯に卵を落とし、スプーンで卵白を卵黄に集めるように混ぜながら1分から

1分半茹でて作ります）。

冷水に取り、冷めた野菜はそのまま冷蔵庫で保存できますし、食前に再度熱湯にさっとくぐらせて温め直すこともできます。緑黄色野菜は購入後すぐに火を通し冷蔵保存することでより長持ちします。

キャセロールを使って蒸し焼きにする

しっかり密閉する蓋付キャセロール（鍋）に水を3センチほど張り、ステンレス製のフリーサイズの蒸し器または蒸しカゴを入れ、そこに野菜、魚、白身の肉を並べて蒸します。この時、初めから塩を振ると調理中に食材から水分が失われるので注意しましょう。魚の蒸し焼きには蠟引きキッチンシート（天然素材のもの）を使うと便利です。魚の蒸し焼きに蒸し野菜、それに自家製ソース、これは絶品の食事、間違いなしです。

グリル後に蒸し焼きにする調理法

カリフラワー、サヤインゲン、ブロッコリー、輪切り人参、ピーマン、玉ねぎ、フェンネル、ズッキーニ（人参、じゃが芋等の硬い根菜は火の通りが良くなるように小さめにカットします）、肉、豆腐、シーフード等、このような食材はすべて以下の方法で調理できます。

この調理法はフランスではあまり用いられていませんが、最高に美味しく、何よりも早く仕上がります。食材を時々混ぜながら少量の植物油で色が変わるまで（約５分）炒めます。そこに５００グラムの野菜に対し大匙２杯の水を回し入れ（ブイヨン、ワイン、フルーツジュース、ビールなどでも大丈夫）、蒸気を逃がさないようにすぐに蓋をします。こうすることで食材の栄養価を失うことなく素早く火が通ります（前項の蒸し焼きの場合は蒸気と共に栄養素も蒸発します）。

味の面においても単なる蒸し焼きよりも食材本来の味がしっかり残ります。食材に火が通っているのに水分が鍋に残っている場合は、蓋を取り、水分がなくなるまでとろ火で焼きます。火の通りが不十分な場合は、水分をもう１匙加えて蓋をして再度数分間蒸し焼きにしましょう。

インドではこの調理法は一般的に用いられ、調理油にペースト状またはパウダー状のターメリック、コリアンダー、唐辛子、クミンなどのスパイスを加えます。中国では、野菜を入れる前に鍋の油でエシャロット、唐辛子、ニンニクを炒めて油に香りを付けます。

乾燥豆や穀類の調理法

乾燥豆は最良のたんぱく質源の一つです。サラダ、スープ、ピューレ、ガレット、団子、サモサ、フムスまたはベジタリアンハンバーガー（コーラル色〔オレンジ色〕のレンズ豆は挽肉の代替品としてよく利用されます）として食べることも、肉、シャルキュトリー、生またはスモークされた魚等の他のたんぱく質源の付け合わせにもなります。ところが、今日では乾燥豆の消費量は年々減少しています（肉の消費量の４分の１）。

レンズ豆はたんぱく質及びミネラル、食物繊維が非常に豊富でグリセミックインデックス（ＧＩ値）が低く、グルテンフリーです。聖書には古代エジプトの王たちが好み、バビロニア人たちはバビロンの空中庭園に植えていたとも言われています。

乾燥豆の煮方はそれほど難しいものではありません。唯一必要な「下準備」は、レクチンと呼ばれている消化を妨げるたんぱく質を除去するため、豆を半日水に浸しておくことくらいです。このレクチンは捕食性の害虫から身を守るため植物自らが放出するものです（玄米、ひよこ豆、キヌア、インゲン豆、大麦、大豆、そら豆等にもあります）。

また、キビやキヌアを水に浸けると泡が立ち、水が黄色く濁りますが、翌日ザルに上げ流水で洗えば問題ありません。鍋には戻した豆の3倍の容量の水を入れ、水が沸騰したら約1時間半ほど、火が通るまでぐつぐつ煮ます。黄金色のレンズ豆は45分で煮えます。コーラル色のレンズ豆はバスマティ米やキヌア、タブーレ等と同様に短時間（15分）で煮えます。野菜やスパイス、ハーブを添えると身体にも良く、美味しい立派な1品になります。豆を煮る水にブーケガルニを入れて煮立てるとさらに香り豊かなレンズ豆に仕上がります。米に関しては米の種類によって調理時間も違うので、パッケージの表示を読んでみてください。

ココット鍋での調理法

ココット鍋の利用法は常に上手くいくとは言い切れません。少なくとも初めはこの鍋でパスタ料理やご飯を炊く等の調理は避けたほうが良いでしょう。普通の鍋で作ったほうが数倍速くできます。ココット鍋ではやはり肉や乾燥豆をソースの中でコトコト煮込む料理がもっとも適した調理でしょう。どんなに硬い部位の肉（豚肩肉のロースト等）でも柔らかく美味しく煮込むことができます。ただし、煮込みの途中で蓋を開けるのは避けましょう。熱が漏れ、ココット鍋が適切な煮込み温度を回復するまでに時間がかかるからです。

　また鍋に厚みがあるため、食材が焦げ付くことは滅多にありませんので、かき混ぜる必要もありません。調理が終わった段階で一度大きくかき混ぜましょう。火にかける時は水分は最小限に留めます。シンプル料理のレシピでは、水分の多い野菜（キャベツ、トマト、玉ねぎ）、たんぱく質（ベーコン少々でも十分風味が出せます）、オリーブオイルひと回し、塩、コショウをして蓋をしてコトコト煮込みます。

　または、肉少々にくし切りの玉ねぎだけを加えて煮込みます。すると玉ねぎの煮汁がキャラメル状になり美味しくなります。この方法は煮込むのに時間がかかりますが、準備は至って簡単、数分で済みます。

フライ調理

この調理法は食材の味を最大限に引き出してくれます。これは食材（野菜、魚、肉）を熱した油で揚げる調理法。揚げる食材はそのまま、または小麦粉などの粉をまぶします。フライにはサラダ油または普通のオリーブオイル（非加熱抽出のエキストラヴァージンオイルではないもの）を使います。またはこれらの油のどちらかに胡麻油を混ぜても良いでしょう。

フライの鍋は小さければ小さいほど使用する油の量が少なくて済みます。食材を覆う程度、３センチの深さがあれば十分です。従ってある程度の深さのある鍋（煮込み用鍋またはソトゥーズ）を使いましょう。油跳ねで火傷しないためにも、揚げる前に食材の水分はキッチンペーパー等で取り除いておきます。揚げた食材は網またはキッチンペーパーに上げて油を切ります。

ガレットの作り方

「良い生き方とは自分だけの世界を創造すること」食べ物、野菜、花、料理……すべてが創造になり得るのです。

フードブロガー　ミミ・トリソン

チャパティ、ブリニス、無発酵ガレット、トルティーヤ、栗のガレット、ブリック（チュニジアのガレット）、パンケーキ、クレープ等々……。ガレットは現代の私たちが食べているパンの先祖です。シンプルで質素、身体にも良く、滋養のあるバランスが取れた食べ物です。このガレットを食事の基本に据えることで、工業化され過食気味の国々が次々と発症している「文明病」、これを生んでいるソフィスティケートされた不自然な食べ物を食べずに済むのです。

ガレットはチーズ、細かく刻んだ野菜、スパイス等で味付けをすることで完璧な1品になります。作るのも簡単でスピーディー。材料が小麦粉やその他の穀類と卵（任意）、牛乳、水なのでコストもそれほどかかりません。ガレットの生地に火を通した野菜を混ぜることだけは忘れないようにしましょう。これは職場にランチ代わりに持っていくここともできます。

スピーディーにできる野菜のガレット

・牛乳または豆乳　カップ1
・胚芽、フスマ入りの小麦粉または全粒粉　カップ1
・細かく刻んだ野菜（長ねぎ、人参、玉ねぎ、ズッキーニ、パセリ等）
・卵1個
・塩少々
生地をよく混ぜて油を引き熱したフライパンで両面を焼く。

オートミール（またはそば粉）のガレット

・オートミール（またはそば粉）カップ1
・卵1個
・生または乾燥ハーブ、粉チーズ小匙2杯、ナツメグ、すりおろし人参を少々、エシャロット、牛乳またはブイヨン、小麦粉小匙1杯材料をすべて混ぜ、できた生地を冷蔵庫で一晩寝かせる。手の平で丸めてから潰して熱したフライパンで焼く。

世界一シンプルなガレット

・カスピ海ヨーグルト1に対し小麦粉2と塩少々
生地を30分寝かせてからフライパンで両面を焼く。

焼いた肉の肉汁を使ってソースを作る

「ルー」と呼ばれているソースは見るからに作るのが難しそうですが、これは単に熱した脂肪と粉を一緒に煮詰めただけのもの（シンプルなルーはバターや煮汁などの脂肪大匙1杯に対し小麦粉大匙1杯です）。フライパンに残る肉汁を器に取り、そこに小麦粉大匙1杯を加えます。そこに野菜の煮汁、またはワイン、酢、トマトジュース、オレンジジュースといった液体を徐々に加えていきます。これであなたのソースは完成です。

よりシンプルな方法は、フライパンで肉を焼いた後の煮汁を酢、あるいはフレッシュクリームを加えて伸ばします。たったこれだけでできます。

最後に、グリルした肉に合う最高に美味しくて簡単なソースの作り方を紹介しましょう。濃いめの生クリームを粒マスタードと混ぜて仔牛のグリルに、またはロックフォールチーズ（ブルーチーズ）と混ぜてミニッツステーキに。付け合わせは蒸し野菜。肉を囲むように皿に盛り付けます。これで立派なメインディッシュの完成です。

フランスにおける日々の食事は非常にシンプルに素早く準備できるのです。皿1枚、コップ1個、カトラリー、フライパンで焼く肉または魚といったたんぱく質源、ドレッシングで和えたサラダ、チーズとパン。洗う食器も少なく、ご飯などの穀類を炊く必要もないのです。

ハンドブレンダーなしでは無理かもしれませんが、とても美味しい簡単レシピ

前にも少し述べましたが、これさえあれば、少ない材料（二つか三つ）で極上の料理

を作ることが可能になります。一番シンプルなスタンド式のハンドブレンダー1本が料理人生を激変させてくれます。これは是非揃えたいキッチン道具の一つでしょう。アタッチメントを付け替えるだけで混ぜる、泡立てる、乳化する作業をこなします。

「混ぜる」ためのアタッチメントでできる料理
・スープ
・ピューレ
・クリーム
・たった数秒で野菜のみじん切り（玉ねぎ、キノコ、キャベツ、セロリ）

「泡立てる」ためのアタッチメントでできる作業
・卵をメレンゲ状に泡立てる（チョコレートムースは板チョコ1枚と卵だけで作ります）
・牛乳の泡立て（カプチーノ、フルーツ入りミルクスムージー等）

「乳化する」ためのアタッチメントでできる作業

・クイックマヨネーズソース
・ベシャメルソース（だまができずに滑らかに仕上がります）
・カスタードクリーム（とろけるような仕上がり）

ハンドブレンダーを使い、少ない材料で作れる美味しいレシピ

・ペストソース（パスタ、ディップ、サラダに。すりおろしたパルメザンチーズ、生バジリコ数枚、オリーブオイルをブレンダーで「混ぜる」。ピニオン〔松の実〕、レモン汁、ニンニクを加えて再度「混ぜる」）。
・ワカモレ（アボカド、くし切り玉ねぎ、レモン汁、ニンニク、コリアンダー、塩、コショウを一気にブレンダーで「混ぜる」）。
・フムス（ひよこ豆〔茹でたものまたは缶詰〕、レモン汁、芝麻醤〔タヒーニ〕、ニンニク、塩、コショウを一気にブレンダーで「混ぜる」）。
・地中海風ディップ（カマンベールのような身が柔らかいチーズ、オリーブ、ニンニク、

ヨーグルト、塩、コショウを一気にブレンダーで「混ぜる」）。

・カリフラワーライス（細かく切り分けたカリフラワーに水を少し足して1〜2分ブレンダーにかけて「攪拌する」。水を切り、熱したフライパンに油、玉ねぎのみじん切り、ニンニクを入れ、攪拌したカリフラワーを加えてソテーする。パセリとパルメザンチーズを振りかける）。

・クイックアイスクリーム（牛乳カップ1、フレッシュクリームカップ1、熟したバナナ2本をブレンダーで混ぜ、2時間冷凍庫で凍らせる）。

・甘いスムージー（イチゴと豆乳で）

・アイススムージー（皮を剥いて冷凍したバナナと牛乳カップ1で）

・ほんのり甘い塩味スムージー（ホウレンソウと皮付きのままのキウイフルーツで）

・ブルーチーズ入りマヨネーズ

・ズッキーニと長ねぎのスープ（一人前、ズッキーニ2分の1本、長ねぎ3分の2を油を引いたフライパンで炒め、ニンニク、水、塩、コショウを加えて15分間煮る。最後にブレンダーを直接鍋に投入して「混ぜる」）。

スープとサラダ

スープ、その種類は際限なく

夜々の雪を友也菜雑炊

小林一茶　俳句

スープは種類が豊富で、それだけで完結する食事です。スープには季節感のあるもの、アツアツで飲むもの、冷たく冷やして飲むもの、あるいは人肌くらいに冷まして飲むものまであり、私たちの食事に欠かせない食べ物です。昔、夕食はいつもポタージュから始まるものでした（ポタージュの「ポ・pot」は鍋を意味します。鍋でコトコト煮たものと言う意味）。

スープから食事を始めると早く満腹感が得られるということでもありました。夏には冷たいスープ、冬は熱いスープ、スープは季節の野菜と共にどの味付けにも合わせられるメニューなのです。

スープはトレンドになりつつあるのでしょうか？　最近はスープバーを街中のいたるところで見かけるようになりました。スープのベースは実はいつも同じものです。細かく切った野菜をオリーブオイルで炒めそこに1リットルの水を注ぎ、野菜が柔らかくなるまでコトコト煮て、それをブレンダーにかけてもかけなくてもいいのです。スープに質感を出すためにはインゲン豆、ひよこ豆、フレッシュクリーム大匙1杯を加えると良いでしょう。

いろいろな野菜が混ざっているのが嫌という場合は、同じ色の野菜を2種類だけ使ってスープを作ると良いでしょう（ズッキーニ／長ねぎ、人参／トマト）。もしくは野菜は1種類のみ。例えばブロッコリーと牛乳、グリーンピースと牛乳という具合に。そこにターメリック、タイム、フレッシュハーブなどを加えても香り高いスープになります（フレッシュハーブは煮えないように最後に加えます）。

短時間で作りたい場合は、野菜を小さく薄切りにします。すりおろして煮ると後からブレンダーにかけなくて済みます。私のお気に入りのスープは丸ごとレンズ豆のスープです。普通のスープよりも少し多めの水にレンズ豆を投入し、煮ている間に他の野菜を切って加え、ソーセージやハムなども予めダイス状にカットしてフライパンで炒めたものを加えていきます。最後にフレッシュクリームをほんの少しとレモン汁をひと回しすると「王様の食事」の完成です。さらに嬉しいのが、このレンズ豆のスープは鉄分が多く、低カロリーであることです。

サラダ

存在感のあるどっしりとしたメインディッシュには軽いグリーンサラダが合いますが、ミックスサラダはそれだけで完全な一品になります。上手に作るためのコツを幾つかご紹介しましょう。

・第一に、野菜はよく水に浸し、その後水気を十分に切っておくこと。薄くスライスした野菜は種類を問わず何でもサラダにできます。

・次に、食材をハサミまたは手で細かくします（レタス、豆腐、セロリなど）。ハサミやナイフではなく手で細かくするとドレッシングソースが絡み易く美味しくなります。

切り方を変えることで味に変化を付けることもできます。例えばキュウリは、キューブ状に切るのと輪切りや棒状に切るのとでは全く別の味わいになります。

・ミニトマトは切らないで丸のまま入れましょう。カットしてしまうとトマトのジュースがドレッシングを薄めてしまいます。

・レタスの芯だけ取り除くには、芯の底の部分を内側に向けて勢いよくトンと叩き、中に押し込みます。外れた芯をネジを巻くように回すと簡単に外れます。

・おなじみの美味しいフレンチドレッシングを作るためには、必ず次の順番を守ること。まずはサラダ菜にオリーブオイルを絡めます。そこに塩を振り、最後にバルサミコ酢を加えて味をまろやかにします。

・できる限り軽いレタスを選ぶこと（軽さは新鮮さの証です）。ここでレタスサラダの独創的な盛り付け方をご紹介しましょう。丸のままのレタスを縦方向にカット。大きくスライスされたレタスを皿の上に寝かせて、その上にスモークサーモン、ゆで卵、アンチョビ、玉ねぎスライス、レモンの輪切りで飾り付けるのです。

・サラダは味と食感の変化に富んだものを作るようにしましょう。そのほうが満足感を与えてくれます。例えばナッツを加えてみる。パリパリとした歯ごたえを出すためにはクラッカー（Wasaのマルチグレインクリスプブレッド、ポテトチップス等）を砕いて散らす等。まろやかな味を出したい場合は柔らかいチーズや潰したアボカド等を加えたり、歯ごたえのある野菜（セロリ、キュウリをサイコロ状にカット）、フレッシュフルーツ（リンゴ、イチジク、イチゴなど）、ドライフルーツ（マンゴ、レーズン等）を添える等。そして腹持ち良くするために茹でた豆類（ひよこ豆、白インゲン、ピント豆、レンズ豆、大豆等々を常に少量冷凍保存しておくとすぐに使えます）を少しばかり加えます。また、ゲランドの粗塩やいり胡麻等を振りかけると歯ごたえが良くなり、サラダの味を引き立てます。

・シンプルなレタスだけのグリーンサラダに少しだけ変化を付けたい時のちょっとしたコツは、玉ねぎ、輪切りピーマン、生のカリフラワー、キャロットラペ（すりおろし人参）、レーズン等の野菜をフレンチドレッシングに漬けガラスの瓶に常備しておくことです。フレンチドレッシングは常温で数日間は保存できます。

・ツナ缶ドレッシングの作り方（サラダドレッシングとツナ缶の中身を混ぜ合わせ、そのままサラダに回しかけます）。

・グリーンドレッシングの作り方（オリーブオイル、マスタード、レモン汁（または酢」をベースにしたドレッシングソースにアボカドを潰して混ぜ合わせます）。

食材二つだけで作るサラダ

・タンポポの葉とベーコン
・赤ビーツとゆで卵
・グリーンサラダに熱い山羊のチーズ載せトースト
・トマトとモッツァレラチーズの夏サラダ
・じゃが芋と鰊のサラダ（エシャロット添え）
・パテとピクルス、フリルレタスを下に敷いて
・春アスパラガスとスモークサーモン
・フェタチーズとキュウリ、トマトとスモークサーモンのサラダ
・小エビのサラダ、グレープフルーツ添え、アボカドソース
・白菜とリンゴのサラダ
・ビーフサラダ（レタスを下に敷き、その上に斜めにカットしたステーキを載せる。皿の縁にマヨネーズとケチャップを添える）。

・コールスローサラダ（人参、玉ねぎ、キャベツを千切りにし、湯通しする。水を切り、よく絞りマヨネーズと酢と混ぜる）。

フライパン一つで完成する一品料理

ソトゥーズ鍋一つで作ると食器洗いも簡単

スパゲッティー、カレーうどんといった麺料理の場合、麺をソトゥーズで茹で、ザルに上げておき、その後にソトゥーズに油を引き、ベーコンや挽肉、野菜を入れたソースを作ります。そこに茹で上げた麺を戻します。

カレーを作る場合、基本はいつも同じです。玉ねぎをみじん切りにし、肉を少々加え、サラダ油少々と塩ひとつまみ、カレー粉小匙1杯を加えてフライパンで炒めます。そこにお好みの野菜、豆腐、シーフード等を加え、水をひたひたに入れ、ココナツクリームを少々加えて15分間煮込みます。

時間を短縮したい場合は、火の通りが早い食材にします。例えばサイコロ切りにした鶏肉、小エビ（冷凍エビは塩水にしばらく浸けて解凍するとエビ本来の風味を取り戻します）、葉物の野菜（根菜よりも煮込み時間が短縮できます）など。茹でたレンズ豆やインゲン豆を入れても美味しくできます。出来上がったカレーはピタパンと一緒に頂きます。

大きなソトゥーズ鍋の場合は、異なる食材をその中に横に並べて一緒に調理できます。もちろん火が通りにくい食材から先に焼き始めます。

それでもレシピが必要と言う人に……

材料の少ないシンプルなレシピを優先する

それである日、中学校三年生のときだけど、食事はちゃんとしたものを自分で作ってやると決心したわけ。そして新宿の紀伊國屋に行っていちばん立派そうな料理の本を買って帰ってきて、そこに書いてあることを隅から隅まで全部マスターしたの。まな板の選び方、包丁の研ぎ方、魚のおろし方、かつおぶしの削り方、何もかもよ。

村上春樹『ノルウェイの森』（上）講談社文庫

レシピは一番シンプルで基本的な解釈のものを選びましょう。それはすなわち少ない材料で構成されたものです。そのほうがレシピに操られて作るのではなく、今自分が何を作っているのかがよく分かり、自分の直感を頼りにするようになるからです（調理中の材料の色の変化、匂い、質感の変化等を感じ取りましょう）。十の材料よりも三つの材料を組み合わせるほうが簡単です。そしてキッチンに立っている時間も短縮できます。

応用を利かせて

レシピのグラムやミリリットルと言った数値にこだわることはありません。各自の味に合わせた大まかな量を考慮し測ればよいのです。この自由は世界中のどのタイプの料理にでも当てはまります。

料理研究家　有元葉子

レシピは人数に合わせた分量を書き出します。自分一人のために料理している場合は材料も一人分の分量を記しましょう（割るよりも掛けるほうが計算も楽なので）。

一つの料理に幾つものレシピがある場合は、一番シンプルなレシピ（または過去に作って好評だったレシピ）だけを取っておきましょう。何よりも材料が少ない作り方を最優先することです。二つ三つだけの材料、それにスパイスや香辛料を加えるだけで十分に美味しい料理が完成するのですから。

自分の十八番のアップルパイを超えるレシピなどあるでしょうか？（タルト型の中で直接ビスケットを潰して作る私のクランブルアップルパイ、最高に美味しいです）。

例えば、ブルゴーニュ風牛肉の赤ワイン煮。私が今まで食べてきた中で一番美味しかったこの料理は友人のさなえさんが彼女流にアレンジしたものです。

小麦粉をまぶした角切り牛肉1キロを大きな鍋にサラダオイル少々と一緒に炒めます。ローリエ1枚と赤ワイン約カップ2分の1と水少々を加えて2時間煮込みます（前日から漬け込む必要はありません）。そこに牛骨髄と輪切りの人参を加えてさらに1時間煮込みます。この調理法では結局合わせて3時間も煮込むことになりますが、その分下準備は簡単です。

このレシピからヒントを得て、その手法を同じような煮込み料理、鶏肉の赤ワイン煮、カシューナッツ入り肉のシチュー（ラグー）、仔牛のブランケット煮（ホワイトシチュー）などに応用できます。ポイントは応用できるものをまとめて覚えるようにするのです。レシピを一つ、二つほどマスターし、私たちの祖母がしていたように、またはメキシコ人のように（聞くところによると、彼らは料理で分量を全く量らないそうです）、そのレシピを応用した料理を即興で作ってみましょう。よく貧しい人たちが作る料理は美味しいと言われますが確かにその通りです。豪華な材料や最近の巧みに味覚を引き出す高価で不自然な調理法（蒸気調理する電子レンジによる調理など）がない分「創意工夫」で補うからです。

レシピはシンプルに書き留める

100文字以上のレシピはお断り

義理の妹　りえ

レシピは簡潔に正確に書き留めます。例えばチューブ入りマヨネーズ2センチ、あるいは大匙1杯、小匙1杯、というように。グラム、ミリリットルという表記は必要ありません。自分のやり方に合った記述法を見つけましょう。レシピブックは野菜ごとに整理すると便利です。主に野菜が私たちの食事の大事な要素を占めているからです。今、手元にある野菜に合わせてメニューを決めていき、他の材料はほとんど冷蔵庫　またはパントリーにあるもので間に合うからです。

料理は臨機応変に

あなたは、たった今、買い物から戻ったばかりなのに、レシピに必要な材料が一つ足りないことに気がつきました。さあ、どうしますか？　こういう時は、シンプルをこよなく愛する者の黄金律を思い出しましょう。レシピのメイン材料はあるのに、あるスパイスまたはある野菜が足りない場合は、創意と柔軟性を味方につけるのです。これは人生においてのみならず、料理でも同じ。今、家にあるものをレシピに合わせてしまいましょう。

代用できるものには、例えば、次のようなものがあります。

・スパゲッティーソースまたはチリコンカルネに入れる挽肉がない時は植物性のたんぱく質（豆腐を潰したもの、またはレンズ豆の缶詰など）

・挽肉入りガレットの挽肉を植物性の材料に変えて、マッシュルームや豆腐を入れます。

・穀類を別の穀類で代用。米、クスクス、キヌア、大麦、ブルグル（粗挽きの硬質デュラム小麦粉）、どれも他の種類の穀類に変更できます。穀類を変えることで新しいレシピを試すことができます。

・玉ねぎは、長ねぎまたはエシャロットで代用できます。グリーン玉ねぎまたはシブレット（チャイブ）を小口切りにしてドレッシングソース、スープ、ソテーに散らすこともできます。

・レモン汁は酢で。どのような酢でも代用できます（特にドレッシングソースを作る時）。

・スープやソテーに入れる野菜はどのような野菜でも代用可。

・スープにとろみをつけるために入れるじゃが芋は、米、カリフラワー、白インゲンなどで代用できます。この三つの食材はスープの味も色も変えることなく、トロリとした食感にします。

・フレッシュハーブは別のフレッシュハーブで。もしなければ、グリーン玉ねぎを小口切りにしたもの、または全く入れなくても大丈夫です。

・ビーフンを他の麺で。うどんでもラーメン用の麺でも代用するには十分です。ソテーやサラダの場合は、付け合わせのパスタを米またはジャスミン米、バスマティ米で代用できます。

・オリーブオイルは、レシピに合わせて他の植物油またはバターで代用します。
・ドレッシングソースのオイルがない時はヨーグルトで代用できます。肉や野菜を焼く時はバターを使うと美味しくなります。
・パスタやグラタンのソースには、簡単で素早くできるベシャメルソースを。作り方は、冷たい牛乳カップ1に大匙2杯の小麦粉を泡立て器でよく混ぜ、小さな鍋に入れて混ぜ続けながら沸騰するまで火にかけます。

レシピ、アイデア、コツを記したマイノート

私は、本などで見つけるレシピを、それから漠然とインスピレーションを得ることはあっても、そっくりそのまま作ることはしません。それよりも母、祖母、友人宅に行った時に食べた料理を私流にアレンジして作り直すのです。

友人のジャン・ミッシェル

料理本を美しく彩る素晴らしいレシピをそのまま作る人は滅多にいないのではないで

しょうか？　その中の幾つかがあなたの興味を引くのであれば、そのレシピだけをノートに写して料理本を本箱に戻しましょう。料理本は良いものを選びましょう。それはすなわち「なぜそうするのか？」という疑問をきちんと解説している本のこと。例えば、茹で上がったホウレンソウをすぐに冷水に取るのは、ホウレンソウに含まれるクロロフィル（葉緑素）の減少を防ぐためだとか、皮を剥いた茄子を10分間水に浸すのは茄子のアクを抜くためだとか……。料理は、レシピと言うよりは、アイデア、コツ、ちょっとした技だからです。

　小さなリング式のノートに、レシピやアイデアを「野菜」ごとに書き記しておくことをお勧めします。好みの季節野菜一つに付きレシピが二つ三つあると便利でしょう。ソースの項目を作ることもお忘れなく。そうすれば市販のソースを買わなくなります。

　そのノートにはレシピよりもむしろ閃いたアイデアを書き込み、買い物に出掛ける前にパラパラをノートに目を通していくのです。そこには「一つのフライパンでできる料理」というページもあれば、「誰々さんの好物料理」や「アレルギーを持つ友人のための料理」というページもあるかもしれません。

第四章

手順よく
清潔に料理する喜び

手順よく料理する

段取り良い準備で時間を節約

> 僕は冷たいビールをすすりながら一心不乱に料理を作っている緑のうしろ姿を眺めていた。彼女は素早く器用に体を動かしながら、一度に四つくらいの料理のプロセスをこなしていた。こちらで煮ものの味見をしたかと思うと、何かをまな板の上で素早く刻み、冷蔵庫から何かを出して盛りつけ、使い終った鍋をさっと洗った。
>
> 村上春樹『ノルウェイの森』（上）　講談社文庫

日本の主婦たちは、昔から食事作りは常に手順よく準備することを原則としていました。

米を研いで少なくとも10分は浸けておく。その間に野菜を洗って切る。米を炊いている間に味噌汁を作り、炊けたご飯を蒸らしている間に主菜を焼き、アツアツを出す、という具合です。

何はともあれ、いつも作業は早め早めに進めましょう。例えば、パスタを茹でた湯でゆで卵を作る、翌日用に鶏のモモ肉を１本だけ取っておくというように、先を見越して動きましょう。ワークスペースにはバットを２枚用意して、１枚目には皮を剥いて洗って切った野菜を載せ、２枚目には剥いた皮等の生ゴミを入れます。ワークスペースには常に畳んだフキンを置くようにし、熱い鍋の蓋はその上に置くようにしてワークスペースを汚さないようにしましょう。

自分の動き、ワークスペース上のモノの置き場所に一定のルールを決めるとすべてが迷いなく、滞りなく行えるようになります。一つ一つの動きが自動的になってくると、その流暢な動きが心を和ませ、気持ちも落ち着いてくるのです。

一つ一つの動作を覚える

日本人の細やかな動作は時間と空間を引き延ばし、手で触るものすべてを美しくすると言っていた人がいます。これは所作を重んじる茶道を通じて伝えられた禅文化の影響でしょうか？「手は道具である」と、これもどこかで読んだことですが、手は破り、切り、握りしめ、巻き、叩き、伸ばします。また、清め、こすり、拭き、片付けます。

茶道を極めようとする人たちはこの一つ一つの動作を何年もの間繰り返し、身につけなくてはなりません。この繰り返しは子供染みていますし、欲求不満を引き起こしかねませんが、ある日突然、楽器の演奏のように、これらの別々な動きが迷いなく繋がり、流れるように自然に行われるようになるのです。

ここまで来ると、私たちは心身のエネルギーを無駄にすることなく、効率よく振舞えるようになると言うのです。これは料理にも当て嵌まります。

最低限の準備をしておく

料理に使う食材を事前に冷蔵庫または冷凍庫から出して置いておくだけ。これが調理を始める取っ掛かりを作ってくれます。

それが数枚のベーコン、卵にトマトというものでも、昼または夜、料理を始める際にすることはフライパンをコンロの上に載せて焼くだけになります。食材をフライハンがせっせと焼いている間に冷蔵庫からレタス数枚を出して皿に盛り、同時に簡単なハンドメイドのソースが作れます。

このように慌てることも、パニックになることもなく、また何を食べようか？　と悩む必要もなく、すぐに料理に取り掛かれるのです。

いつも清潔なキッチン

キッチン掃除の技

すべては、この上なく清潔です。まっ暗な部屋の隅にも、塵一つ落ちていません。もし、ちょっとでもそんなことがあれば、主人は茶人ではなくなります。茶人であるための最初の要件は、掃き、清め、洗いかたの心得を身につけることです。掃除の方法にも技があるのです。

岡倉覺三『新訳　茶の本』木下長宏訳・解説　明石選書

あるインタビュー番組で、今は亡き日本の女優、樹木希林さんは、食後に毎晩キッチンを完璧に掃除し、それを確かめるために、いつも流しの内側を指でなぞっていたと語っていました。

料理が大嫌いなのはキッチンを汚したくないから、という人が数人私の周りにもいます。キッチンのワークスペースをモノが占領し、汚れていると、料理をしたいと思う気持ちそのものが削《そ》がれます。しみがついたフキンや溢れそうなくらい一杯のゴミ箱ほど気分を落ち込ませるものはないでしょう。流しの中に汚れた食器が重ねて置いてあると、料理に取り掛かる意気込みが半減します。市場の買い物から戻り、サラダ菜を置く場所も見つからないほど散らかっている、その他にも、キッチンの臭い、油でべとべとしているワークスペース、床に落ちているパン屑、こうしたモノも私たちのエネルギーを奪います。

キッチンは家の中で一番汚れ易い場所、掃除のしにくい場所です。そしてそこを清潔に保つためには私たちが今まで1回も褒め称えたことがないヒーローたちが必要になってきます。

食器洗いのための洗剤、キッチンの壁や排水口、換気扇、オーブン、床を掃除するための雑巾やゴム手袋、モップ、箒、バケツ、ブラシやスポンジなどの掃除道具です。ところがこれらの道具は場所を取り、キッチンの戸棚の大半を占めてしまいます。

でもこうした道具を減らしても、汚れを防ぐ方法はあるのです。

調理しながら掃除する

あなたが食卓に着く時、あなたがこれから食べる食事を載せている食器、グラスとカトラリー以外洗うものがない状態にして席に着きましょう。料理を始める時も、料理に必要な材料を予めすべて出し、ワークスペースを占領しないためにも使う分量を量っておきましょう。すべてが手の届くところに置かれていればレシピ作りに右往左往しないで済みます。

場所だけの問題ではありません。居心地の問題なのです。

食器洗いが好きという人はあまりいないでしょう。この嫌な仕事を最小限に留めるために絶対に必要なことが二つあります。一つ目は作るそばから片付けるということ。もう一つは、汚すキッチン道具をできる限り少なくするということ。チーズおろしを使い終わったら、鍋がぐつぐつ煮えている間にさっさと洗ってしまいましょう。焦げ付いたプレートを水に浸けて汚れを浮かせている間にまな板と包丁を洗いましょう。フライパンも使ったらすぐにブラシで洗い、鉄製のものならば、火にかけて水分を飛ばし、錆びないようにします。私はキッチンに小さな歯ブラシを常時置いていて、スライサーやハンドブレンダーのゴムパッキンの掃除、取りにくいトウモロコシの髭を取る等の用途に使っています。食器は調理しながら順々に洗っていくようにして、食事をスタートする時に、キッチンがモノで溢れて戦場のようにならない工夫をしています。

食後、食卓の上にある使用済み食器を片付ける時は、汚れた食器を水と洗剤を入れた鍋かたらいに浸けて水を節約します。そうしておくと皿に付いた汚れが固まりません。そしてグラス、コーヒーカップ等の油っぽくない食器から先に洗い始めましょう。

1日の終わりにはキッチンを完璧に片付ける

キッチンの掃除は精神をリラックスさせ、心の内面を整える作用もあります。床をピカピカになるまで磨くことは自分の精神を磨くことでもあり、今ここにいること、何も考えずにその単純作業に集中することでもあるのです。

箒、濡れ雑巾、絞った雑巾……。1日の終わりにキッチンを完璧にしておくことは、次の日、自分の新たな1日を元気に始めることにも通じます。

昔の日本では、「翌日」は日が落ちた時から始まっていたと言われています。

私がお気に入りの儀式は、最後にキッチンのワークスペース、ＩＨクッキングヒーターとシンクに高純度アルコール77%のスプレーを吹きかけることです。

掃除を簡単にする幾つかのコツ

・スタンド式ハンドブレンダーは、コップに水と食器用液体洗剤を数滴たらし、数秒間スイッチを入れてから、ゆすぐ。
・鍋の底は、野菜等を蒸した後の残り湯に少量の酢を入れ、しばらく置いてからスポンジでこする。
・鋳物の器やプレートの焦げ付きは、ペットボトルのプラスティックの蓋でこする。
・フライヤーの汚れは、小麦粉を振りかけてこすり、キッチンペーパーで拭きとる。
・ステンレス製フライパンの裏、木製食器のシミは、キメの細かい紙やすりでこする。
・週に1回でも定期的に多目的洗剤「ピエールダルジャン」でステンレス製または同様のキッチン道具の手入れをすると鍋はいつまでも最初の輝きを維持するでしょう。

汚す食器の数を減らす

かの有名なイギリスの料理家レイチェル・クーは、パリの、たった3平方メートルの広さのキッチンで作る料理番組シリーズを実現させました。このように狭い空間で、洗う食器も少ない料理を可能にしたその秘密は何かお分かりでしょうか？　それは食材を洗うにも、皮を剥くにも、混ぜる、こねるにも同じ大きな琺瑯製のボウルを使ったからだそうです。

あなたも、次のような方法で、むやみに食器を汚さないようにすることはできます。

・缶詰を温めるためには缶詰ごと蒸し器で蒸す。
・まな板を汚さないためにゆで卵の黄身と白身を細かくするのはボウルの中で、まずは黄身を潰し、続けて白身をフォークで潰す。
・タルト生地またはパン生地を作るには、ビニール袋の中で小麦粉、水、バター、塩といった材料をすべて入れて、生地が大きなボール状にまとまるまで混ぜます。ビニール袋のまましばらく常温で寝かせ膨らませます。

・タルト生地を伸ばす際に何も汚さないようにするためには、クッキングシートを使います。２枚のクッキングシートの間にボール状に丸めたタルト生地を挟み、クッキングシートの上から麺棒で伸ばします。クッキングシート１枚だけはがし、裏返すようにして、軽く粉を振ったタルト型に敷きます。

・オーブンで野菜のグリルを作る時は、オーブンの天板にクッキングシートを敷き、その上に野菜を載せて焼きます。天板を汚さずに済みます。

片付いたキッチンにするにはモノを減らす

キッチンの維持を楽にするためには、まずはキッチンの片付けよりも掃除のし易さを優先することだと思います。私の友人ボブは１か月に１回、彼のキッチンを完全に空にし、天井から床までの大掃除をしますが、それは彼にとっては全く苦にはならないそうです。なぜならば持っている食器の数が少ないからです（皿４枚、コップ４個、カトラリー４人分）。

キッチンのワークスペースを常にすっきりした状態に保つにはそこに最低限のモノ

（毎日使うモノだけ）を置く、もしくは何も置かないことです。

掃除し易いキッチンのほうが、何でも手の届く所にあるキッチンよりも重要なのです。何でも手の届く所にあることは一見キッチンの作業を簡単にしてくれるように見えますが、そのキッチンを掃除（一番嫌な仕事）するのに2倍の時間がかかります。そうなると定期的に掃除をしなくなります。そしていよいよ掃除をしなくてはならなくなった時には、それに午前中一杯かかることになってしまうのです。

またどのような熱源がキッチン道具を汚さないかについても考えましょう。ガスコンロはガスの燃焼で生じる直火が鍋底を焼くため鍋底が黒く焦げますが、ＩＨクッキングヒーターは鍋底を汚しません。戸棚の外に出してある食器（ティーポット、洗いカゴの食器）等に埃が被らないように布をかけましょう。重ねている皿には上の皿を裏返して重ねると下の皿に埃が付きません。しばらく使わない食器等はセロファン紙で包んでおきましょう。冷蔵庫や食器棚の上にもカバーをしましょう。

常に完璧なキッチンを維持している人たちの秘訣

サーモンのオーブン焼きを作る時に魚の皮がオーブン皿に付かないように私はいつも皿の底にレモンの輪切りを敷き、その上にキッチンタオルで水気を取った切り身を並べています。フライパンで魚を焼くのはお勧めしません。魚の臭いがキッチンだけでなく、他の部屋まで広がるからです。どんなに新鮮な魚でもアンモニア臭がするものです。私は卵を焼く時、または仔牛のレバー焼きを作る時のみ、フライパンを使います。家でステーキを焼くことは滅多にありません。肉を焼く時の臭いに私が吐き気を催すからです。鋳物製のフライパンですか？　お話になりませんね。まず重すぎます。それに洗うのが大変。少し臭いもしますし、使っているうちに油じみてきます。駄目、駄目ですよ。でもオーブンはいい。これは全くオーケー。

友人のジャン・ミッシェル

いつも完璧なキッチンを維持している人たちがいます。その人たちが特に避けているものが、油と煙、そしてキッチンを汚すもの。その人たちのオーブン、換気扇が汚れていたためしがないのです。ジャン・ミッシェルは油汚れするからフライパンは嫌いだと言います。彼の場合は、魚の蒸し焼きかオーブン焼きがメインディッシュなので、ほとんどの料理を蓋付のソトゥーズで調理します。

　例えば、オーブン皿にレモンの輪切りと新玉ねぎ、プロバンスのハーブを敷き、そこに魚を並べます。オリーブオイルをひと回し、幾つかの魔法の香辛料、塩少々とコショウミルでコショウを振りかけて味を調えます。10〜15分オーブンで焼いて出来上がりです。肉料理を作る時は、ベックオフというアルザス地方の土器を使います。ここでも彼はオーブンを汚さないためにベーコンや油脂を使いません。ベックオフの底に輪切り玉ねぎを敷き、その上に肉を載せて焼くのです。でもそれだけなのに、肉の外側はカリカリと歯ごたえがあり、中はジューシーに仕上がるのです。オーブンが少しも汚れていないことがジャン・ミッシェルの自慢の一つであるのは言うまでもないでしょう。

家庭から出るゴミ

ゴミに「護美」すなわち「美を守る」という当て字を考えた日本人

モノを購入すればするほどそれを包んでいた包装紙を捨て、回収してもらわなくてはならなくなる。もしゴミ回収サービスが無ければ、拡大し続ける豊かさの代償は、益々不潔極まりない不衛生さになる。富が増すごとに汚さの度合いも増すのだ。

カナダ出身の経済学者　ジョン・ケネス・ガルブレイス（1908〜2006）

ゴミさえなければ、私たちのキッチンはいつも清潔に保たれ、すっきり片付いていることでしょう。でもこれが日々の私たちの悩みの種であることは認めざるを得ません。

今では多くの国がゴミの分別に関する法律を制定し、私たちにきちんと規則を遵守するよう命じているのですから。従って、生活をシンプルにするためにも、家庭から出るゴミをストレスなしに、どのように管理していくのかを、系統立てて、真剣に考えていくことが必要になります。

その中でも、一番納得のいく解決法になるのが、廃棄するゴミをできる限り少なくするということです。

生ゴミ

人により、いろいろなゴミ処理法があります。千代さんは、キッチンのワークスペースに薄くて小さなビニール袋を用意し、調理をしながら出た野菜の皮や卵の殻、鶏や魚の骨等を順々に入れていきます。食事が終わるとその小さな袋の口を結びキッチンの生ゴミ専用の大きなポリバケツに捨てます。

友人のイザベルは筒形のタッパーウェアに調理中に出た生ゴミを捨てる方法を採っています。

さなえさんの家には庭があるので、蓋付の大きなサラダボウルに生ゴミを全部入れ、それが一杯になると庭にあるコンポスト容器に入れて堆肥作りに役立てています。同じコンポストでもマンション暮らしのサチコさんは、マンションのベランダにポリバケツ大の容器を置いてそこに生ゴミを投入し堆肥作りをしています。

ミニマリストの中にはゴミ箱を置かず、調理で出た生ゴミを冷凍し、ゴミ収集日の朝に収集場所に持っていくという人もいます。

これは冷凍庫の片隅にビニール袋を入れておくだけ。その袋を毎回閉じる必要もありません。私も生ゴミを冷凍するようになってから驚いたことがあります。バナナの皮や茶葉などは水分が抜けて小さくなり、全く生ゴミの臭いがしないのです。茶葉などは手で揉むと粉々になるほど乾燥します。コンポストには魚や肉の骨が入れられないことから、生ゴミを冷凍するアイデアはとても便利。以降、私のゴミ箱は濡れた生ゴミを入れないせいか嫌な臭いは全くしなくなりました。

捨てるゴミを少なくするための解決策

解決策はたくさんあります。ベア・ジョンソン氏の著作、『ゼロ・ウェイスト・ホーム』を是非一度読んでみてください。とても刺激的です。この本で紹介されている、無理せずゴミを減らすコツを以下に記してみました。

・皮を剝かないでも食べられる有機の野菜やフルーツを購入する。
・近所に食品を小売りにしてくれる店を見つける。マイバッグ、それとできれば容器も持参して買い物をする。
・大型スーパーではなく、地元の小売店で買い物をする。
・オレンジの皮ではポプリが作れます。レモンの皮ではレモンソルトができます（ハンドブレンダーで）。
・野菜の根っこを料理に使う（例えば天ぷらにする。ねぎの天ぷらは最高に美味しい）。
・ヨーグルト、コテージチーズをハンドメイドで作る等。

食器洗浄機について

――いつもは平たい皿が4枚、スープ皿が3枚、小さな器が12個、デザート用の大皿が4枚、小皿が6枚よ。

――あなたは一人暮らしなのに、なぜそんなに多くの食器がいるの？

――だって食器洗浄機があるんだもの。

私と親友の一人の間で和やかにして永遠に続く諍いの種

私はこの機械が大嫌いですが、この友人はこれなしの生活は考えられないというほど好きなのです。どのみち鍋、漆器、鋳物、鉄製のもの、木製のもの、クリスタルグラス（おまけにパイレックスのガラスは曇ってしまいます）等が洗えないのです。このような食器洗浄機に何の存在価値があるでしょう？　洗浄コースが終わるまで控えめに見ても1時間はかかります。電力も使い、臭いもします。さらに食器洗浄機専用の洗剤も買ってこないとなりません。洗浄中には音がうるさいし、時々水漏れしたりするのでメンテナンスにお金がかかります。要らなくなったらこれをリサイクルする費用も負担しなくてはなりません。良いことなどないではありませんか？

個人的には私は食器洗いが大好きです。ぬるま湯と洗剤の泡が手にかかる感触が気持ち良く、いろいろ考え事をしながら食器洗いをするのです。この作業を二つの手ではなく四つですることもあります。友人を食事に招いた時等、食後に一緒におしゃべりをしながら食器洗いをするのも楽しいものです。

おしまいに　料理することは誰もが得られる小さな幸せ

自炊することが健全な生活に繋がる

うづみ火や終には煮ゆる鍋のもの　蕪村　俳句

自分のキッチンを改めて見直して、そこにある余計なものを減らし、食事内容とその調理方法をよりシンプルにすることは良識を取り戻すことです。そして、それが人生の試練を乗り越え、内面の静けさを取り戻すための具体的で実践的な方法を示す道しるべになるのであれば、ある意味それは「禅の道」を実践することでもあります。

料理するということは、節度とバランス感覚を携えて生きることを旨とした「日常の生き方」。大それた言葉では表現できない、生きた経験を基にした具体的な「生きる知恵」なのです。

私たちが「特別」と捉えるものはすべて、それがアートであれ、自然との繋がりであれ、またはスピリチュアルなものであれ、皆私たちの日々の生活の中に見つけられるのです。それは観察するものではなく実践するもの、自立心や個人の自由を育てるための道具。また消費者を憔悴させる現代の金儲け主義的なテクノロジーに対して静かに抵抗を実践するためのもっとも効果的な手法でもあるのです。

料理を作ることは自らの魂を養うこと

私は感謝します。流れる水があるだけでも素晴らしいこと。私が洗う野菜たちにも感謝します。（中略）私たちは与えられたものに感謝しつつ今という時を生きなければならないのです。この意識は私たちの感性を高め物事を別な角度から見ることを、よりグローバルな視点を持つこと、現在に生き、そこを中心に留まることを可能にしてくれます。

70代のファッションモデル　ヤスミーナ・ロッシ　インタビュー

食事を準備するために時間をかけることは健康を維持するためだけではなく、魂を養うための「美」を創造することでもあります。この時間から私たちは何が得られるのでしょう？　誇り、楽しみ、生きる喜びです。一言で言えば、料理は日常をわくわくさせる「技」。自分一人で完成させたマッシュルームのヴルーテを味見してみてください。感動したその時のあなたは、この経験は何事にも優ると思うはずです。

　私は多くの日本人、中には一人暮らしの人が丁寧に食事を作り、季節感のある器に料理を盛り付け、合掌してから食べ始めるのを見てきました。ゆっくりと、宗教儀式と見紛うほど静々と食事をする光景にいつも驚きを隠せませんでした。これは文化や道徳観の違いでしょうか？　ただ一つ確かなことは、このような行為は自らの生命に敬意を表し、自分自身を大切にしていることの現れだということです。

　私たちは二度とご先祖様がしていたような昔の生活に戻ることはないでしょう。でも彼らが残してくれた知恵と良識を記憶に留めておくことはできます。

　料理する習慣が身に付くと、今後冷凍食品、ファストフード、調理済みの料理やジャンクフードを食べたいとは思わなくなるでしょう。ウーバーで注文する必要もなくなります。料理をすることであなたが不安を感じることもなくなり、逆にそれがあなたに喜びを与えてくれることでしょう。

日常生活には、見かけは平凡でありながらも、予想外のドキドキするような驚きがたくさん隠されているのです。「日常から非日常的なものを生じさせること」、これが肝心なのです。自分で作ってみた料理が、たとえそれが限りなくシンプルなものでも、この「非日常的なもの」を発見させてくれるものかもしれません。

　幸福は誰にでも見つけられるものです。「たとえそれが些細なものでも、それが何度も繰り返されることで、終いにそれはぼんやりとした形を取り、幸福と呼ばれる幻覚になり得る」、と中国の哲学者、李煜は語っています。

　小さな幸福がルーティンを、マンネリズムを、退屈を断ち切ってくれるのです。小さな幸福、それは誰もが皆と同じようになりたいから、と追い求める体裁の良い、大きく書かれた「幸福」とはかけ離れたものかもしれません。でも長寿社会となり、１００歳になっても未だお迎えを待つようなご時世です。それならば、人生が私たちに与えてくれる喜びの花をあちらこちらで摘みながら、今のうちに幸せに生きてみようではありませんか？

装幀　石川直美（カメガイ デザイン オフィス）
カバーイラスト　Natalia Hubbert/shutterstock.com
ＤＴＰ　美創

〈著者紹介〉

ドミニック・ローホー

フランス生まれのフランス育ち。パリ大学、ソルボンヌ大学においてアメリカ文学の修士号を取得。イギリスのソールズベリーグラマースクールにおいて1年間フランス語教師として勤務した後、アメリカのミズーリ州立大学、日本の佛教大学でも教鞭を執る。ニューヨークでは〝イメージコンサルタント〟法を学び、幾つものセミナーに参加しながら集中的にヨガを習得。日本在住歴は30年以上。その間、飛騨雅子氏と萩原朝美氏に師事し、10年に亘り〝水墨画〟を学ぶ。さらに名古屋にある愛知尼僧堂と呼ばれる禅寺に6週間籠り、曹洞禅をも学ぶ。アメリカ合衆国、カナダ、南米、アジア（中国、台湾、香港、韓国、タイ、ヴェトナム……これは中国茶の知識を深めるため）、ヨーロッパと広く旅し、特定の宗教団体や、哲学または文化的なグループには属さずに、自分自身の内面にある様々な観点に基づく意見を尊重し、それを受容することを信条としている。彼女がもっとも大切にしている価値観は自由、美、そして調和である。著書はフランス国内をはじめ、ヨーロッパ各国でベストセラーとなり、『シンプルに生きる』は日本でも話題となっている。他に『シンプルを極める』『部屋とこころのシンプルな掃除』『捨てる贅沢』『少食を愉しむ』や画家サンドラ・カベズエロ・ベルトッジとの共作である、イラスト愛蔵版「シンプルに生きる」シリーズ（すべて幻冬舎）などがある。

〈訳者紹介〉

原　秋子（はら　あきこ）

フリーランスのフランス語通訳・翻訳家。東京生まれ。父親の仕事の関係で小中学校時代をフランスで過ごす。留学先のグルノーブル大学にてフランス語教師資格を取得。帰国後、神戸ステラマリスインターナショナルスクールにてフランス語を教える。1986年、通訳案内士国家資格取得後、数多くの通訳・翻訳の仕事を手掛ける。

少ないもので料理する
シンプルな台所で、ミニマム・クッキング

2021年12月15日　第1刷発行

著　者　ドミニック・ローホー
訳　者　原 秋子
発行人　見城 徹
編集人　福島広司
編集者　鈴木恵美

GENTOSHA

発行所　株式会社 幻冬舎
〒151-0051 東京都渋谷区千駄ヶ谷4-9-7

電話　03(5411)6211(編集)
03(5411)6222(営業)
振替　00120-8-767643
印刷・製本所　近代美術株式会社

検印廃止

ISBN978-4-344-03886-8　C0095
幻冬舎ホームページアドレス　https://www.gentosha.co.jp/

この本に関するご意見・ご感想をメールでお寄せいただく場合は、
comment@gentosha.co.jpまで。